臺灣歷史與文化 研究輯刊

四 編

第 10 冊

戰後高雄地區傳統詩研究（下）

黃福鎮 著

花木蘭文化出版社

國家圖書館出版品預行編目資料

戰後高雄地區傳統詩研究(下)／黃福鎮 著 — 初版 — 新北市：
花木蘭文化出版社，2013〔民102〕
目 2+150 面；19×26 公分
（臺灣歷史與文化研究輯刊 四編：第 10 冊）
ISBN：978-986-322-492-1（精裝）
1. 臺灣詩　2. 詩評
733.08　　　　　　　　　　　　　　　　　102017375

ISBN-978-986-322-492-1

臺灣歷史與文化研究輯刊
四 編 第 十 冊
ISBN：978-986-322-492-1

戰後高雄地區傳統詩研究（下）

作　　者　黃福鎮
總 編 輯　杜潔祥
出　　版　花木蘭文化出版社
發 行 所　花木蘭文化出版社
發 行 人　高小娟
聯絡地址　235 新北市中和區中安街七二號十三樓
　　　　　電話：02-2923-1455／傳真：02-2923-1452
網　　址　http://www.huamulan.tw 信箱 sut81518@gmail.com
印　　刷　普羅文化出版廣告事業
初　　版　2013 年 9 月
定　　價　四編　22 冊（精裝）新臺幣 50,000 元

戰後高雄地區傳統詩研究（下）

黃福鎮　著

目次

第五章　戰後高雄地區傳統詩作主題特色初探

　　本章依題材或議題的不同將戰後高雄地區傳統詩詩作〔註 1〕加以分門別類，作整體性回顧及摘要式簡介，冀透過作品之呈現與研析，突顯高雄地區傳統詩在自然環境上發展出的獨特人文景觀特色，以期認識與掌握戰後高雄地區傳統詩之語言、精神及文化各層面。

一、地方情事：地方的人情與時事

　　（一）人情：包含人情與時事。人情包括國政，社團、組織建築及人物活動等詩作，主要以應制酬唱為主，題材隨時代改變不斷擴大。另選錄部分悼亡詩，雖有應酬性質，詩意可見真情，彌足珍貴。

【與政治有關】

　　許成章的〈民主頌〉（題高雄市議會岩石浪花壁畫）：

　　時潮起伏　巨浪奔騰　風前雨後　烈烈轟轟　衝向危石　地動天驚　即穩
　　如山　亦滌使清　以此大權　試彼全能　濤頭巖角　各露崢嶸　不移不屈
　　君子之爭　如斯民主　磊落光

這首詩四言一句，藉景寓理，節奏明快，洋溢豪情壯志，讀來鏗鏘有力，擲地有聲，堪稱這類詩的代表作。

〔註 1〕 詩作來源主要取自《高雄市詩人協會二十週年慶紀念詩集》，高雄市詩人協會，2001 年 2 月。《高雄市詩人協會擊缽詩集》，高雄市詩人協會，2008 年 5 月。《高雄縣志稿藝文志》，高縣文獻會，1960 年 5 月。另有期刊〈詩人之友〉、〈中國詩人之友〉等。

李明嶼的〈闡揚國父思想〉：

大哉尊國父，偉績與天齊。興漢功長在，推清業可稽。

追憶國父的功績，僅僅四句，舉重若輕，一氣呵成。

李餘慶詩作〈祝宋楚瑜先生當選台灣省首任省長〉：

楚賢省長慶蟬聯，萬眾同心舉俊賢。勤政愛民施德澤，宵衣旰食淨塵煙。黔黎頷首齊稱頌，朝野騰歡互競傳。社會繁榮憑再造，安和樂利步堯天。

1994年12月20日，台灣省長由省民選舉產生，宋楚瑜膺選首任省長。本詩語多歌頌，也有期許，雖為一般應時詩作，但具有時代意義。

其他相關詩人詩作如陳啓賢〈國慶頌〉：「建國欣逢八七年，歡騰薄海頌堯天。心和五族驅清帝，手創三民仰逸仙。發展財經邦有賴，重修憲政法無偏。即今寶島開新局，郅治宏謀贊李連。」陳自軒〈國父頌〉：「倡言革命師湯武，創造中原屢枕戈。推倒清廷驚宇宙，重興漢室奠山河。千秋主義三民善，一代精神五族和。聖誕如今逢九九，騰歡合唱自由歌。」梁振國〈祝八十年國慶〉：「頭顱烈士慨相捐，鄂郡驅清八秩年。喜見瀛台今富足，遙思彼岸日如煎。悲憐血戚心情重，解救同胞使命專。統一曙光方已露，詩朋祝禱望堯天。」

程惜陰〈慶祝台灣光復五十週年〉：「三軍痛失萬人頭，寶島重回五十秋。飲水思源懷往事，餐風沐雨展新猷。千年立法行民主，四海歸心享自由。再創中興齊努力，和諧團結復神洲。」林欽貴〈先總統蔣公一百十二歲誕紀念〉：「巍巍武嶺聳穹蒼，嶽降人豪剗水陽。緒續中山興漢祚，功超大木拓台疆。三民郅治仁風佈，五族融合景運昌。百十二齡逢聖誕，慈湖荇藻頌元良。」王隆遜〈高雄市議會落成〉：「宏開棟宇勢軒昂，鳥革翬飛散議堂。氣象巍峨凌斗宿，規模壯麗煥文章。自由政治憑推動，民主精神賴發揚。原此高雄金字塔，千秋屹立魯靈光。」

【與建物有關】

這類詩作以廟宇與一般文教建築居多。如「壽峰詩社」社長黃祈全〈高雄文化院玄華山天壇落成三週年慶〉：

天壇巨擘奪天工，文化名稱尚古風。謁聖人來心許願，觀光客至爪留鴻。信猶不惑誠能應，道是無形悟便通。神佑蒼生靈護國，三年建樹萬年功。

這首詩記高雄道教勝地文化院玄華山天壇落成實況。首尾聯點題呼應，頷聯一虛一實，頸聯一有一無，對偶靈活。詩作寫得四平八穩，雅俗相宜，不愧是聯吟大會掄元之作。

曾人口〈高雄市長青服務中心啓用喜賦〉：

老者安之喜有方，高雄擇善敞樓房。聯歡似契耆英會，游藝兼充翰墨場。手腦皆靈貧亦樂，精神有託壽而康。論年共議延年訣，寡欲平心鶴算長。

1997 年 10 月，位在高雄市區四維路與和平路口的長青服務中心落成啓用，該建築規模與完善設施爲遠東地區之最，誠爲高雄地區老者之福音。詩人爲老者精神有託壽而康而撰詩祝賀。

蕭超群〈高雄市文化中心成立二十週年誌慶〉：

闔苑軒昂二十秋，高台美奐景清幽。無聲木鐸詩書畫，有律金鐘劇舞謳。華夏文明欣寄託，歐西藝術賴交流。誰言港市風光少，沙漠油然變綠洲。

高雄市立中正文化中心自 1981 年 4 月 16 日成立以來，承辦國內外各種藝文活動，成果斐然，成爲推動港都文化建設的搖籃，讓港都洗刷「文化沙漠」的惡名，詩人有感而發，讚揚有加。

其他相關詩人詩作如蕭颯〈高雄市社教總館啓用二周年誌盛〉：「闔苑新成又一冬，明窗几淨閣重重。求知不必分年齒，施教何須別士農。默化潛移傳木鐸，前承後啓播金鐘。依仁據德游於藝。室內春風室外松。」曾陳彩華〈高雄市旗津國小一百週年誌慶〉：「校慶聲中憶昔時，啓蒙稚子仰良師。栽培一紀門生眾，教育六庄倫理維。祝賀雄州多國士，聯吟福海詠嘉詩。丑春盛會人文萃，百歲旗津喜氣瀰。」

【與社團、組織有關】

呂雲騰是出身澎湖的校長詩人，退休後專任聯合報澎湖特派員，寫新聞也寫詩。他的〈慶祝聯合報創刊四十週年〉詩作：

祝承道統氣如虹，聯貫浩然正派雄。合力創新崇楊老，報刊騰茂頌昌公。四時輿論春秋筆，十萬文章宇宙風。周到關懷民讚仰，年年社慶共呼嵩。

這首詩把聯合報正派辦報，公允執筆，重視輿論的精神，以直筆呈現無遺。

　　數十年來，「高雄市詩人協會」主導高雄傳統詩壇發展，功不可沒。每逢週年慶舉辦社課或聯吟大會。群賢會員紛紛撰作祝賀迎社慶。

　　王貞〈高雄市詩人協會七週年〉：

　　壽嶺吟旗豎，元音振斗墟。群賢迎社慶，七載著聲譽。吾道資維繫，

　　異端應掃除。騷壇開盛會，觴咏樂如何。

這首詩記詩社使命、週年慶上詩人觴咏之樂事，可作代表。

　　1996 年 6 月，高雄市文藝協會理事長蕭超群應大陸中國作家協會之邀，率領會員參訪北京，執筆撰「中國作家協會惠存」嵌字詩，由楊濤書寫為中堂持贈。詩云：

　　「中」華世胄振神州，「國」祚皇皇事事憂。「作」作有芒昌景運，

　　「家」家抱玉傲儕儔。「協」同多士尋蹊徑，「會」集群英展壯猷。

　　「會」掬丹心昭海甸，「存」誠一統話千秋。

這首嵌字詩，句句有力，一氣呵成，足見作詩功力。

　　其他相關詩人詩作如吳芳原〈慶祝正德讀書會週年慶〉：「斯文一脈繫寰中，會萃高賢雅趣同。國粹弘揚揚正德，元音披振振儒風。心存矯俗詞源壯，志在匡時筆陣雄。教節欣逢周歲慶，狂瀾力挽氣如虹。」鄭清泉〈林園詩社完成立案誌盛〉：「飄揚吟幟卓林園，誌慶完成立案存。政府申登符政令，詩風蔚起振詩魂。鳳頭蘆白珠璣燦，汕尾楓丹錦繡存。火盛豐功輝智績，雙黃社長譽同尊。」

　　程惜陰〈高雄市詩書畫學會六週年誌慶〉：「新添海屋籌，俊彥蒞雄州。潑墨龍蛇動，吟詩鳳鶴酬。聯輝三絕藝，競豔六春秋。盛會揚豪氣，騷壇慶壯猷。」張明吉〈高雄太極拳協會三十週年誌慶〉：「柴山碧海接雲天，會創高雄太極拳。白髮老翁神奕奕，紅顏淑女態翩翩。為師矢志殷勤授，教眾強身努力研，積健通靈常保泰，歌功共慶卅週年。」

【與人有關】

　　人與人之間送往迎來，酬唱應和及喜慶弔唁，生活中處處可見，所以這類詩在人情詩作中佔最多。

　　王隆遜和許成章是詩社同好，也是高雄燈謎界的「五虎將」，兩人亦師亦友，情感彌篤。王隆遜生性淡泊，個性耿直，論者謂有秋菊氣格。許成章作〈寒菊〉為他「祝壽」：

　　秋容老圃傲西風，梅雪籬雲總不同。此即騷人真本色，清高無礙寄籬東。

以「寒菊」借喻王隆遜，讚美他清高無礙的詩人性格。

詩人蕭超群（蕭颯）十分仰望王天賞，初進詩社時，親睹道顏，欣喜受教其下，也留下深刻的印象。王天賞赴美旅遊時，他寫〈歡送王會長天賞赴美〉歡送。

> 欣逢雅致渡重洋，八載吟哦韻自長。乍識荊顏訝道貌，初窺閬苑愧詩囊。靈犀一點通翰墨，憂患半生付文章。樽酒浮雲遊子意，歸來盡興再傳觴。

栗由思作〈緬懷王前會長獎卿先生〉：

> 樓名環翠街長空，曾住騷壇一代雄。愷悌慈祥真國士，溫柔敦厚有儒風。待人重義心持正，處世存誠道執中。福壽全歸留典範，遺篇捧讀憶王公。

這首詩稱揚王天賞為「國士」，對其為人及詩品都持正面的肯定。

鍾順文是著名的現代詩人，詩作產量極豐，謝佳樺擅長音樂繪畫，才子佳人結為良緣，藝文界傳為美談。楊濤撰〈賀詩人鍾順文 謝佳樺新婚〉祝賀。

> 詩為媒妁結良緣，幾世修來並蒂蓮。恩愛白頭真富貴，人間風月信無邊。

王家驥被譽為「永遠的雄中校長」，掌理雄中二十四年，作育英才無數，校友在各階層都有相當的影響力。就如同校訓「自強不息」，也為雄中樹立了典範。過八十八歲生日時，曾陳彩華寫〈王家驥先生米壽榮慶〉詩讚頌。

> 大老王公米壽長，雄才教化一生忙。樹人無數英豪育，治校有成功績彰。學繼河汾為世法，勤培桃李蔚邦光。佳辰鸞侶詩歌頌，菊酒同傾醉百觴。

（按：王家驥目前高齡104，身體硬朗，仍然保持每天閱報的習慣，關心國家大事。）

前高雄市地方聞人黃綿綿，擔任增額立委及商業理事長，政商兩得意，為人從政皆有口碑，九十高齡，他出版自傳式的書籍《和風細雨》，為生涯留下紀錄。好友詩人記者呂雲騰寫下〈賀黃綿綿先生九十憶往撰著一書《和風細雨》〉祝賀讚揚。

> 苦澀辛酸超逆境，謙和寬讓創前程。伉儷言行資典範，彙編金石價連城。壽翁九十氣如虹，網取珊瑚遍海東。國會商場存正氣，和風細雨世尊崇。

其他相關詩人詩作如雷祥〈賀朱迺武先生當選詩書畫學會理事長〉:「統領風騷眾所宗,朱君品學服群龍。依仁游藝人生樂,施教因材校務雍。老圃黃花元亮趣,杏壇絳帳季長半。雄州三絕從茲振,藝冠南臺智創峰。」陳自軒〈女詩人——壽洪月嬌女士〉:「巾國耽風雅,騷壇共琢磨。珠璣隨口吐,錦繡盡胸羅。道韞才猶捷,文姬學媲多。復興文化日,閨閣重吟娥。」

黃輝智〈黃能安甄試高雄縣國小及格〉:「杏壇拔萃擇能賢,甄試題名榜領先。作育英才身不倦,均施德澤志猶堅。滿園桃李詩書勵,盈室芝蘭筆墨鮮。指日良師膺校長,芬芳錄譜賦新篇。」林本源〈賀子波詞長榮膺傳統詩學會副座〉:「騷壇副座得能人,藝苑荊園拓展新。管領文風揚大雅,從茲詩運奮精神。」

梁振國〈敬步李明嶼詞宗七十雙壽暨詩書畫展〉:「金婚七秩壽雙迎,汗馬華年事未更。文采詩詞推遍國,丹青妙筆普知名。鄉胸磊落腰長健,志向高超品自清。鶴算松齡同喜鶴,南湘碩彥樂昇平。」梁振國〈賀王仁宏會長榮膺研考會主委〉:「傳聞會長擢權衡,鷗侶歡欣感有榮。藝苑組盟弘國粹,杏壇執教育英才。精研法律宏規立,博考財經政策明。輔弼中樞行郅治,佇看展翼奮鵬程。」

許成章在弔祭他人的詩中,有兩種風格的分別,一者是懷念逝者之為人處事,一者是抒發對世事變化的無奈。

如〈傷春——弔民謠歌手陳達〉:

池塘兩部譜私蛙,山嶺三春唱採茶。陳達人琴俱杳矣,枯藤老樹剩昏鴉。

〈再弔陳達〉:

終生落魄無妻子,一藝在身忍渴饑。是否自尋幽徑去,月琴似瑟答希希。

前者抒發對恒春民謠歌手陳達去世後人事變化的無奈;後者懷念陳達的生平處事作為。

許成章生前致力於台灣漢語和燈謎諺語研究收集,編纂出版《台灣漢語辭典》、《台灣諺語之存在》,前者並獲行政院金鼎獎,後者成為暢銷書,可說成果豐碩。吳露芳撰〈弔許成章老教授〉一首,為此留下見證。

古語洪荒若滌沙,嘔心作典國之華。珠璣諺集永存在,骨葬雄州滄海花。

其他相關詩人詩作如李餘慶〈追思呂雲騰詞長〉:「昔日騷壇共賦詩,今聞惡耗感難支。揚風扢雅功長在,呂老芳徽萬世垂。」陳春木〈哭孫女麗卿〉:「可憐孫女病長纏,屈指拖延七百天。呼吸忽停如靜息,顏容不變若安眠。鼓山有色星空墜,旗水無波月失圓。此後閨帷閒寂寂,再難聽汝讀書篇。」

【與活動有關】

活動詩以文教題材為主,如曾陳彩華〈高雄市美術家聯展誌慶〉:

> 美展雄州眾競妍,人潮洶湧共流連。西歐塑像源羅馬,東亞浮雕映漢天。壁上書篇揚國粹,廳中畫幅潤心田。琳瑯滿目皆珍品,翰墨丹青繼大千。

高雄市美術家聯展是地方盛事,參展作品都是一時之選,體裁有雕塑、書法,國畫,現代畫等。傳統詩人兼書畫家者不少,若躬逢盛會,自然發為吟詠讚頌。

高雄市甲骨文學會會長劉百鈞提倡甲文書寫藝術多年,並舉辦甲文書藝特展活動,讓同好切磋,促進高雄藝術交流風氣。本身是詩人協會會員的劉百鈞,配合開幕誌慶,曾撰〈高雄市甲骨文學會第二屆甲文書藝特展揭幕〉七律一首,共襄雅會:

> 字中有畫最宜人,音樂聲中莊貴賓。箏韻繞樑誇指巧,梅花落指見情真。商周甲骨窮年學,唐宋詩詞又日新。文化雄州增氣象,依仁游藝勵群民。

每年端午佳節高雄市詩人協會都會辦理港都雅集,詩人濟濟一堂,吟幟飄揚,既懷弔屈誼,也詠龍舟競賽,詞藻富麗。會長王天賞作〈詩人節港都雅集〉誌盛。

> 端陽節裡雨紛紛,萬壽山前共駐騑。銅砵敲詩詞藻富,錦箋攤處墨花霏。觴傾蒲酒情何限,槳動龍舟渡若飛。一片羈懷同貫誼,天涯弔屈淚沾衣。

其他相關詩人詩作有黃昭豐〈題關天穎心詩書畫展〉:「夢雲樓閣寫心詩,數點梅花入硯池。傅彩臨毫香沁墨,天寒翠袖不勝思。蠻腰翠羽玉明璫,閨閣才名四海揚。多少風流收畫筆,心詩漫寄入縑緗。」陳世銘〈顏逢郎老師畫展紀盛〉:「畫格清奇一代宗,琳瑯四避韻深濃。丹青馳譽驚瑰寶,如此功夫豈易逢。」

黃坤語〈奉天宮春日雅集〉:「殿宇輝煌署奉宮,和風淡蕩滿樓前。能無俊逸生花筆,尚有清新集錦篇。擊缽詩廣全國會,參香誼結十方緣。吟聲激起心聲應,散發松山氣息鮮。」戴星橋〈文藝季高雄雅集〉:「文藝宏揚連五屆,騷風丕振繼三閭。雄州勝日衣冠盛,大漢天聲貫太虛。」

〈書香滿高屏〉(高屏三縣市傳統詩推廣聯吟大會)其一,陳進雄:「高屏百姓蔚書香,只羨詞場又畫場。禮義傳家師孔孟,騷章濟世紹鍾王。酒廚換作詩廚盛,財寶猶輸墨寶揚。壽嶺人文猴嶺筆,移風矯俗振綱常。」其二,趙金來:「吟哦咕嗶遍高屏,洋溢書香一典型。水乳交融情懇摯,人文薈萃地鍾靈。珠璣展現城鄉著,冠冕堂皇翰墨馨。三絕聯輝三縣市,滿堂喝采眾垂青。」

〈歡迎泉州交流協會訪台〉其一,李燾:「泉州貴客蒞高雄,蓬蓽生輝瑞氣融。碩彥文豪若時雨,佳賓健筆化春風。家鄉隔海空間異,手足連枝笑語同。此刻陰霾濃霧散,交流兩岸樂無窮。」其二,杜英賢:「台胞祖籍半泉州,拓墾移民創大猷。戰禍連綿疏訊息,夢魂牽絕惹情愁。欣聞兩岸修高誼,訪問三通應眾求。傾蓋會心歡一室,海洋文化策新籌。」李玉水〈港都媽媽讚〉:「選拔聲潮入耳呼,別開生面古來無。三從更具才藝兼,封后真堪譽港都。」

近年來,隨著社會多變,離婚率逐漸升高,造成許多社會問題。高雄縣政府為提倡善良社會風俗,特別舉辦金鑽(結婚75年)佳偶聯歡禮讚,活動現場對對高齡鴛侶、恩愛伉儷,情深繾綣,令人感動。詩人記者呂雲騰有感於這則新聞光明正面,有正風勵俗意義,寫下詩作歌頌百年婚姻的難得與可貴。

堪稱鴛侶本天成,恩愛夫妻樂此生。青壯倡隨雙麗影,老來珍惜百年盟。情深繾綣同膠漆,緣美和柔合璧瑩。金鑽石婚佳伉儷,白頭鸞鳳協歡聲。

(二)**時事**:以政治、社會、環保衛生為議題。詩作或設喻、或直抒,以正面及反面的筆法,描述當代社會百態,呈現詩人重視倫理、關懷政經及國計民生的面向。

【**政治**】本節政治議題以國內政壇及保釣運動為題論述,其中黑(烏)金錢問題尤受關切。

2000年,台灣首次出現政黨輪替,新政府由民進黨主政,國人莫不寄予厚望。詩人劉福麟撰寫:「寄望新政府」七律一首,道出全體民眾的心聲。

　　毋從黨派訂高低，重視民情氣似霓。大任承擔安宇內，長程展望邁
　　歐西。謙卑納諫仁風拂，傲慢貪污惡夢迷。福澤均施無界址，關懷
　　弱勢並提攜。

2008年，二次政黨輪替，國民黨再次執政後。前「新政府」爆發「貪污惡夢」，
一連串弊案纏身。今昔對照，令人不勝欷歔。

　　政治和選舉關係密切，台灣的選風又如何呢？林園詩社林本源〈競選潮〉：

　　躬身揖拜撲風塵，競選花招百態新。宦海翻騰憑策略，流行銀彈買
　　驕名。

直接點出後選人不當的競選花招，只要用金錢買票就能當選。針砭時弊，一
針見血。

　　許成章的〈選潮〉就寫得比較隱晦：

　　輿情眾意險難安，一票權能撼政壇。幾個公民如井水，不隨風雨起
　　波瀾。

這首詩批評社會上許多人患了選舉狂，質疑民主選舉在這個台灣社會真實意
義。他用「井水」來表現沉穩寧靜的意象，使整首詩的意味深長。

　　政客為了金錢，翻雲覆雨，不顧社會觀感，使得台灣的政治被譏為「烏
（黑）金」當道！洪朝碧〈政客〉詩赤裸裸揭露政客醜陋的面貌：

　　翻雲兼覆雨，詭異假清流。惡政虛裝實，愚民著作籌。

　　成群營巨利，結黨運奇謀。不顧興邦計，徒貽萬眾尤。

如何除弊革新端？詩人記者呂雲騰在〈烏金政治〉裡說：

　　民權實踐意原佳，卻看旁門似虎豻。既藉財團開捷徑，還憑左道繞
　　堂階。選賢報國功無限，舉直匡扶政不乖。欲絕烏金先正本，風清
　　弊絕重開懷。

己身正才能正人，如果能正派從政，不走旁門左道，不藉財團開捷徑，政壇
風氣不乖張，就能杜絕烏金，重啟清明政風。

　　其他相關詩人詩作有胡順隆〈反賄選〉：「提拔英才不為錢，根除利誘樹
民權。須知一票奪神聖，拒受千金重俊賢。淨化人心興漢祚，恢宏聖道樂堯
天。選風合與詩風正，法治推行國運綿。」栗由思〈市議員補選〉：「高雄市
議員，行賄醜聞傳。判決多無效，重新選俊賢。」黃祈全〈恥〉：「人生體面
薄如紗，善惡之間一念差。只顧金錢甘墮落，臭名萬世敗名家。」

　　「保釣」運動是台灣另一個政治議題，由於台日中三方對釣魚台主權認

定不同而引起，台灣政府極力主張釣魚台所有權，詩人也藉此吟詠支持政府，如栗由思〈保釣〉：「列島孤懸大海東，清初已入版圖中。倭寇今日強侵佔，保釣騷人筆伐同。」李玉林〈保釣〉：「魚台鯤島版圖同，咫尺鄉連自古通。喚起全民將土護，豈容日寇逞威風。」

【社會】詩人關心社會百態，若有不良風氣都會提出針砭，以喚醒民眾。如洪朝碧的〈悲陋俗〉：

> 頹風敗俗欲何之，社會乖張更出奇。清水溪中拋狗體，路旁樹上吊貓屍。檳榔汁吐驚紅垢，阿片雲吞變白痴。瘴氛淒迷無淨土，烏煙瀰漫實堪悲。

這首詩批判死狗放水流，死貓掛樹頭等陋習以及亂吐檳榔汁、吸食毒品等可悲又可憐的行為。

以下再分兩類細述：

1、社會不良風氣

1988 年，政府為遏止大家樂賭風停止發行愛國獎券，大家樂賭博也宣告落幕，雖然仍有許多「賭性堅強」的民眾改賭六合彩，但賭風不如大家樂之狂熱。當年大家樂賭博舉國盛行，為社會製造不少問題。蔡虎寫下〈遏止大家樂賭風〉見證了那段全民瘋狂大家樂的歷史。

> 賭博貪財迷本性，投機取巧是邪行。傾家蕩產空遺恨，鬻子拋妻夢亦驚。儉約崇廉無限樂，勤勞捕拙有餘榮。願君放棄輸贏獎，及早回頭喜氣呈。

買賣股票本是合法投資，但是部分民眾迷於漲跌、投機客炒作，造成社會問題，都是自取滅亡的做法，極不可取。顏昌言的〈股票〉詩云：

> 股票狂飆熱，財迷一馬先。雞鳴忘正業，蝟集賭閒錢。
> 獲利心花放，賠金債務纏。投機蛾撲火，自滅有誰憐。

陳天賦的〈卡奴〉則批判民眾瞻前不顧後的消費失序行為，將為自己招惹禍端。

> 陷阱之多眾口傳，明知猶是墜深淵。貸金翻滾無思後，刷卡循環只顧前。幾載難還臨絕境，長期擔負奈何天。而今渺渺黃泉路，頻見焚身至慘然。

張彬彬的〈檳榔西施〉以工整戲謔的筆法，描寫穿著暴露的檳榔西施吸引許多醉翁之意不在酒的登徒子上門買檳榔，頗為傳神。

　　姑娘手一揮，叫賣願無違。粉蝶群齊聚，紅唇族盡歸。

　　上空明兩點，結實展三圍。惹得風流客，神魂幾欲飛。

其他相關詩人詩作有洪朝碧〈病時髦〉：「過猶不及遍西東，褲短裙長費剪工。束腹高跟臀起浪，挺胸露背孔搖風。」張彬彬〈偷渡客〉：「傾心唯寶島，欲往扮成魚。志切求新境，情甘別故居。查皆憑證眇，報盡姓名虛。美夢嗟如幻，垂頭送靖廬。」

　　洪政男〈經濟犯〉：「過海瞞天計，官商結合挑。掏金逃外國，捲款負吾朝。當局嗟難辦，全民恨怎消。清除諸要犯，逮捕不容饒。」李樹春〈偽藥〉：「杏林風下賊橫行，昌製靈方誤眾生。魚目混珠施詐騙，樹皮假桂巧經營。丹房顧及金錢重，人命看如草芥輕。喪盡天良此為最，有司秉政豈容情。」

2、社會新聞事件

　　先談石油上漲。每逢油價連續漲停，物價隨之波動，民生用品跟著攀升，造成企業經營困難，民眾生活苦不堪言。黃輝智撰〈物價〉詩：

　　物價攀升動，薪資嘆未偕。石油飆上漲，鋼鐵震高階。

　　企業經營困，窮人命運乖。民生愁活計，新政合關懷。

全詩道出了物價攀升後，企業、民生都受困，帶給社會重大衝擊的現象。

　　1994 年 3 月 31 日，台灣長風旅行社旅遊團一行 24 人乘「海瑞號」遊輪在浙皖交界處千島湖遊覽時，吳黎宏、胡志瀚、餘愛軍三名歹徒登船搶劫並縱火焚船，致使該船 24 名台灣居民以及 8 名大陸居民（2 名導遊，6 名船員）全部遇難，從而釀成一起駭人聽聞的搶劫縱火殺人案，即「千島湖事件」。

　　陳世銘〈千島湖客魂〉以詩證史，記載這樁令人髮指的悲痛事件。

　　船燒千島事，家屬淚難收。公道嘆安在，民情鬧不休。

　　奪財施辣手，害命見陰謀。彼岸傷心地，何堪憶歸舟。

國人重視倫理孝道，若違背親意，使其痛心難過，更是大逆不道。1996 年間轟動一時的中台禪寺案剃度風波，當時還包括藝人黃安的妹妹也不顧家人反對堅持剃度出家。出家風波引起各界不同的議論，崇仰儒學的高雄傳統詩人對此也多表示不認同。

　　劉福麟〈出家風波〉：

　　無端風雨襲菩提，學子為尼惹話題。拋棄親情違孝道，此心何以渡

　　群黎。

高平〈出家風波〉：

諫迎佛骨仰昌黎，一入宰門竟著迷。父跪母嚎心不動，全忘輔育與提攜。

（按，初入中國的佛教和儒家所強調的家庭倫理，產生極大的衝突。唐朝韓愈的退佛主張就是儒家反對佛教的典型例子，因此剃度出家代表著對孝道倫理的背棄。後來佛教逐漸「儒家化」，強調佛教的解脫和家庭倫理並不衝突，譬如將「出家功德可以上報父母恩」的義理加以納入，而在皈依的實務上也採取和世俗社會較為妥協的作法。台灣目前大部分的道場對於出家和家庭的關係多半持謹慎處理，在父母未同意之前，採用「帶髮修行」的「觀察期」的作法。慈濟功德會的證嚴法師甚至要求其在家弟子，沒有盡到家庭責任即沒有資格跟隨她。）

其他相關詩人詩作有曹進雄〈外籍新娘〉：「異國聯姻一線牽，同心帶繫有情天。離鄉背井郎君嫁，惟望相偕到百年。」宋偉凡〈買水有感〉：「飲人冷暖自分明，涓滴猶存濟世情。今日長安身價賤，出山不比在山清。」

【環保衛生】環保與衛生是一體之兩面，兩者與民眾生活習習相關。環衛出了問題，也是詩人筆下關切的主要題材來源。

80歲時，許成章再遊西子灣，發現當地景觀不復從前，於是寫下〈重到〉一詩：

重到兒時海，濤聲時韡瀑。吳宮據西子，陶令失南山。

教育觀光外，民人視息間。眼中吾老矣，圓日掛灣斜。

這首詩描寫他重到西子灣遊玩時，聽到濤聲在石縫中發出不平之鳴，頷頸聯的詩句在批評當時的市長王玉雲竟然把高雄市民的美麗休閒空間——西子灣，賞給了中山大學，很多秀麗的海岸被填平，西子灣因此失去了往日的美景。

台灣檳榔一度價俏，各地農民搶種檳榔樹，山坡上一片片檳榔樹海，結果風災難阻，帶來土石流浩劫。胡巨川〈入眼檳榔遍地栽〉對此有深入的描述，並寄語農民記取教訓，不要在山坡種植檳榔，以免再釀成重災。

台灣近日實堪哀，入眼檳榔遍地栽。根淺原難持水土，樹高容易受風雷。山洪暴發橋樑斷，沙石橫流房屋頹。切記崗巒休種植，期能勿致再成災。

「禽流感」這個病名是在1997年12月，香港發現來自於雞隻的流行性感冒，是病毒直接由一隻寵物雞傳染給一名兒童，爆發出的新流行，共有18人感染6人死亡。雞隻的感染病毒進入人體，若與人身上的流感病毒混種，就產生新

種的病毒，這病毒對人的感染強度不同，如這次的 H5N1 禽流感，傳給人會致命。醫學界擔心的是，H5N1 病毒還可能不斷轉變，尤其是進入豬體內，（按，果不其然，2009 年 4 月 29 日，新聞報導指出，美、墨一帶發現豬流感，有人染病死亡，亞洲也出現致病案例，由於病毒極爲兇惡，台灣當局已進入抗煞層級）可能成了自然的培育箱，在那兒混種成爲能由人傳給人的病毒，那麼，1918 年的大災難可能就會重演了。

從事新聞工作的詩人呂雲騰對此新聞敏感度很高，特別撰〈禽流感〉一詩提醒國人務必提高警覺，因爲染上禽流感並無特效藥。

> 超強毒菌勢頑兇，染病禽裙盡慘容。急劇流行情狼狽，驚慌撲殺影重重。無端感劫真難料，有效良方豈易逢。人起怨生兼恨淚，惟求滅疫豁心胸。

其他相關詩人詩作有林欽貴〈水源汙染〉：「高屏溪畔積污泥，飲水渾然品質低。殷望有司籌善策，清流保健慰黔黎。」雷祥〈**落實推動垃圾資源回收**〉：「廢氣通天黑洞浮，無常冷熱有其由。猖狂垃圾終爲禍，淺見鄉民不識憂。體健當從環保始，資源可向棄材求。人間欲得清新境，髒亂消除璞玉留。」

鄭清泉〈珍惜能源〉：「珍惜民生品，關心到處論。燃油應發掘，用水省能源。社會求安定，黔黎富可言。古今遺聖訓，節約裕家園。」汪德畯〈噪音〉：「老至餘年喜靜居，長街短巷日千車。噪音震耳連天起，好夢頻頻被破除。」陳世銘〈環保吟〉：「地失真容嘆至今，盈眸穢物錄郊侵。全球警訊成焦點，更盼群黎費苦心。」

二、地方物景：地方產物與獨特景觀

（一）詠物：描述地方產物，以木棉、西瓜爲主。

木棉花是高雄市花，造型優美，寓意深遠，引發詩人讚美。

呂自揚〈英雄樹〉：

橫伸雙手向天空，不驚暴雨不驚風。根深能耐寒霜凍，直立天地是英雄。

前二句寫景（木棉花枝葉橫向，如人之雙臂），後二句寫情。這首詩雖然寫的是木棉樹（又稱英雄樹），實則藉其生態的描寫，來象徵高雄人和台灣人的生命力是堅毅、無懼、不向大自然低頭與永遠奮鬥向上的精神。

其他相關詩人詩作有高去帆〈讚市花〉：「冷暖何須道，豪情只自持。名登梁武錄，韻入大蘇詩。絳萼難爲寫，珠華總繫思。雄州魁眾卉，人盡讚斑枝。」汪德畯〈讚市花〉：「春暖日遲遲，風和景物熙。木棉紅似火，詩客競呈詞。林表英雄樹，霞明錦繡枝。市花經入選，名著港都時。」

西瓜是夏天必食用的水果，老少咸宜。

許成章〈食西瓜〉：

色香片片愛紅甜，人似初三蝕月蟾。柔則茹之剛則吐，舌頭心事上
眉尖。

描寫南部特產水果西瓜，給人汁多味美的臨場感。

其他相關詩人詩作有洪水河〈啖西瓜〉：「相傳胡嶠食，水果號西瓜。皮綠瓤紅美，漿甜味馥佳。（按，瓤音ㄖㄤˊ/、瓜肉）除煩兼解渴，利便又清邪。炎夏人偏好，分嘗勝品茶。」陳啓賢〈啖西瓜〉：「皮綠肉紅砂，滋喉夏日瓜。剖開分啖試，切片讓人誇。香味心神爽，清甜齒煩嘉，調鹽欣解渴，款客樂無涯。」林欽貴〈西瓜〉：「西域傳嘉果，金瓢舉世誇。摘來含雪液，品啖破瓊華。味似冰漿美，膚如玉色嘉，消炎兼解渴，不讓武夷茶。」

（二）**寫景**：寫景以高雄市的蓮池潭、愛河、壽山及高雄縣的澄清湖等勝地爲宗，以突顯該區獨特的人文景觀。

【金獅湖景觀】

【覆鼎金】覆鼎金位於今三民區鼎金中街，有一覆鼎金山，爲一南、北短，東、西長的小丘，面積約半公頃，形圓而淨，如釜之覆置狀，故以「覆鼎金」名之。金獅湖原稱爲大埤，原住民稱覆鼎金之丘陵爲虎頭山仔，以別於高雄縣之虎頭山。堪輿師指出，稱虎頭山有靈穴，且虎頭與獅頭狀極相似，堪輿師稱虎頭山應爲一頭臥獅，覆鼎金山則爲獅球。既有靈穴，又有山有水，所以覆鼎金一帶地靈人傑。

覆鼎金部落於民國 35 年初設立行政單位，分爲鼎金與鼎西二里，民國 35

年 10 月 1 日門牌總編，原鼎西里管轄包括現今鼎泰里、鼎中里全部總面積 1.26
平方公里。民國 70 年 4 月 1 日，將本里鼎中路以西劃爲鼎泰里，又於民國 79
年 2 月 1 日將鼎力路以西再分出鼎中里。覆鼎金部落內有金獅湖、鼎金教會、
田都府（主神田都元帥）、覆鼎金保安宮（主神三太子）、聖何宮（主神關聖帝君）、
道德院（道教最高至聖三清道祖），及全國離地面最高的（13 層樓高）北極殿（主神玄
天上帝）等名勝古蹟。

　　日據末期，該處出了一位高雄市籍的詩人企業家劉有福〔註 2〕（聲濤），雅
好詩詞，自號「小陋室主人」。劉聲濤曾任日據時期覆鼎金區長，因經營米廠有
成，光復後在覆鼎金開設獅山水上大飯店，並曾任壽峰詩社副社長、社長；他自
己經常以當地作爲詩題，壽峰詩社成員也多次以覆鼎金景觀爲詩題，在水上大飯
店擊缽，因而留下不少覆鼎金詩作，茲依類細分並選讀若干篇什如下〔註3〕：

1、登山：指登覆鼎金山（又稱虎頭山、獅山、鼎山）。

　　高文淵〈九日登獅山〉：

　　觴詠重陽歲丙辰，來登獅嶺爽吟身。喜無落帽風吹屬，爭得題糕筆
　　有神。斜照半屏閒氣象，排空雙閣勢嶙峋。秋深南國還佳景，杖倚
　　林巒賞望頻。

這是一首重九登高遠眺的詩。首聯點題，說九日詩友一起登獅嶺吟詠，頷聯
用典點出擊缽吟趣，頸聯寫登高所見半屏山和左營春秋閣特殊景致，尾聯讚
揚獅山爲登高勝地。

　　全詩用字典雅，寫景氣氛獨到，句法安排錯落有致。

　　其他相關詩人詩作有劉聲濤〈早起登鼎金山〉：「雞聲喔喔未明時，我已
登高學賦詩；露濕花叢疑夜雨，月斜林影現朝曦。寺峰翠綴田千畝，鳳鼻煙
籠水一涯；半壁江山開曉景，眼前春色有誰知？」劉聲濤〈登獅頭峰〉：「朝
來曳屐上孤巒，野色蒼茫眼界寬；雪點鼎山成玉壘，雲翻畦稻訝金灘。菱塘
鷗浴情堪羨，松徑雉馴狀可觀；到此渾忘塵俗慮，山歌互答夕陽殘。」

　　李國琳〈鼎山晚眺〉：「重上幽亭眼界開，炎威滌盡好風來；田疇萬頃鋪
如褥，潭水毗連綴似苔。獅岫屏山團錦繡，鳳崗鼓嶺聳樓臺；日斜處處炊煙

〔註 2〕劉聲濤（？～1978）自號小陋室主人，高雄市人。喜好吟詠，擔任過壽峰詩
　　　　副社，長，社長。以經營米廠爲業，曾任高雄市覆鼎金區區長、教育委員等
　　　　職。

〔註 3〕以下詩篇參閱胡巨川〈詩酒餘隨筆八〉頁 134～140《高雄文獻》第 19 卷第 2
　　　　期 2006 年 6 月。

起，百鳥尋巢次第回。」李秀瀛〈鼎山晚眺〉：「四面雲山入眼頻，輕風浩蕩爽吟身；惜無花事供詩料，賴有蓮池滌俗塵。賽馬場成空有蹟，埋金峰老不醫貧；吾來佇立亭中望，稻葉青青亦可親。」

2、季節：寫鼎山四時之景，各有不同特色。

高文淵〈獅山消夏〉：

景愛獅山別有天，最宜避暑客留連。水邊涼爽消三伏，林下逍遙效七賢。帘影青搖雙岸柳，波光綠泛一湖船。高張火傘渾無管，解慍風來快欲仙。

這首詩記在獅山林下逍遙，湖水沁涼，讓人快活，最適宜消暑。

其他相關詩人詩作有丁鏡湖〈金獅湖初夏〉：「乍起南薰入鼎金，獅山翠落水千尋，窺簾乳燕驚梅雨，爭藻遊鱗傍柳陰；漸向趨炎羞世態，毋忘解慍慰民心，獅湖別館新蟬噪，似伴騷人學苦吟。」林欽貴〈金獅湖初夏〉：「獅湖春去夏初臨，頻聽幽篁解籜音，青柳長堤新燕舞，綠槐高樹早蟬吟；霏霏梅雨催詩興，習習荷風淨俗襟，水上樓臺堪小憩，坐看橋影浸波心。」劉聲濤〈夏日晚遊鼎金池畔〉：「擎蓋冷荷池，獅峰烘夕照；采菱入畫圖，深藻皆詩料。暮雨擾鷗眠，煙波留客釣；閒情物外饒，蛙鼓動吟嘯。」

秋日的獅山又呈現怎樣的風情呢？張蒲園〈秋日獅頭〉：

落拓獅山節又秋，澄清湖畔且勾留。風餐鳥待歸巢宿，楫擊人將破浪遊。慈母在堂行不遠，拙荊辭世念能休。俗塵未洗身心健，十七年來雪滿頭。

這是一首秋思作品。曾任壽峰詩社社長的張蒲園（連蒲）係台南縣人，到高雄從事教職，並寓居高雄多年。這首詩寫他在秋日於登上獅山頭所感，寫人多於寫景，以抒發個人生活感慨做結。

其他相關詩人詩作有劉聲濤〈鼎山秋望〉：「霜滿寒林煙滿村，幽崖雨過認苔痕；日斜龜嶺千畦綠，風颺獅山萬木翻。遍地蟬螿齊泣恨，遙天鴻雁又驚魂；攜筇笑我攀登慣，飽眼秋華日未昏。」高文淵〈春日遊金獅湖〉：「有約東風好杖藜，金獅湖畔聽鶯啼，柳絲搖曳青纔展，芳草蒙茸綠未齊；別館一圍花爛熳，春山十里路東西，看他掠水雙飛燕，剪取韶光入品題。」

3、夜月：獅山之夜，詩酒風流，夜中有月，月景澄明更添景致。

劉聲濤〈中秋夜邀上村黃兩先生於鼎山亭觀月〉：

九分秋色十分妍，覆鼎山頭寶鏡懸，欲搏姮娥——微笑，不知露重幾更天。

這是一首描寫覆鼎山頭夜月優美景致的小詩。前二句寫景。首句點出秋景，其次寫月色皎潔照滿山頭。後兩句寫情，詩人以爲秋月美景不可錯過，因而聯想能長夜與友人駐足品賞，以搏取嫦娥微笑，可見詩人之痴心。

　　林欽貴〈獅湖夜色〉：

獅山賓館上華燈，詩酒風流會雅朋。艇泛鼎湖波激灩，雲開緩嶺月清澄。欣看龍氣沖南斗，且握狼毫頌中興。景似秦淮天不夜，竟宵遊賞逸情增。

這首詩記載當時獅山大飯店華燈綺麗，詩酒朋友吟詩寫作，通宵遊賞勝況。通篇寫人事之熱鬧，呈現金獅湖不同夜月景觀。

　　其他相關詩人詩作有高文淵〈金獅湖賞月〉：「朗澈銀河夜氣清，騷人吟賞暢幽情；湖浮畫鷁冰輪滿，橋臥金獅雪浪平。雲影波痕相上下，天光水色共晶瑩；嫦娥不管滄桑事，依舊長空自在行。」蔡柏樑〈金獅湖泛月〉：「獅湖激灩月輪高，節近中秋雅興豪，沉璧光浮游畫舫，扣弦歌起醉醇醪；素娥鑑影搖輕槳，丹桂飄香染彩毫，恰好十三同玩水，紅綾餅會振風騷。」

　　此外，另有不同的題材詩作如劉聲濤〈題道德院〉：「獅山鍾勝地，莊麗仰神宮；舟盪湖亭畔，鐘傳村巷中。弘揚開覺路，闡化挽頹風；聖蹟千秋盛，遊人爪印鴻。」記位在金獅湖畔的道教勝地道德院景觀。

　　蔡月華〈湖橋觀釣〉：「背手薰風立小橋，金獅湖裡看停橈，絲綸落處心何急，竿竹垂時景可描；渭水乾坤思帝業，富春煙雨憶江潮，眼前何必臨淵羨，一日偷閒萬慮消。」寫在南風吹拂下於金獅橋觀釣的樂趣。

【愛河建國、七賢橋段風光】

【愛河】愛河在前清時代稱爲「打鼓仔港」、「打鼓港」、「鹽埕港」，日據後稱爲「高雄川」、光復後定名爲「愛河」，民國五十七年立委黃玉明發起將壽山改名爲萬壽山，愛河改名爲仁愛河。民國五十九年十月，內政部正式通令改名，至民國八十年經高雄市議會決議從民國八十一年起又恢復愛河之名。

　　活躍於光復前後曾任壽峰

詩社社長的呂筆是「愛河命名人」，他表示，日據時代高雄川水很清澈，兩岸綠草如茵，風光宜人，有日人在河上開設小遊艇，供人泛遊，光復後，日人撤走，有陳江潘先生想要繼續機經營，請他撰擬店號，因小艇泛遊多係青年男女，於是就取名爲「愛河遊船所」，並以巨大招牌立於河岸極爲醒目，1950 年省運在高雄市舉行，並在愛河舉辦龍舟競賽，經過各報的報導，「愛河」成爲家喻戶曉的地名〔註4〕。

民國六、七十年間，愛河中上游兩岸工廠如雨後春筍般的興建且將污水排放愛河內，使得河川污染日益嚴重，詩人楊道淮夜宿國賓飯店，聞到河水臭味薰鼻，作詩〈高雄國賓飯店夜眺〉譴責：

> 牛郎掩鼻愛河東，織女低回卻顧中。臭水三千烏不渡，雙星今夜路
> 難通。

愛河臭名遠播，實爲地方之恥，市府決定動手整治，經歷任市長努力治水，已見好轉，目前繼續改善中，期許早日重見愛河昔日旖旎風光。這幾年來，市府更在打造親水空間，行駛愛之船，辦理藝術燈會、龍舟競賽，及其他水上活動以吸引人潮。這些在愛河的活動盛況，詩人們都有吟詠雅集留下來，以下分類析解。

1、休閒

陳季碩〈愛河小坐〉：

> 亭亭綠樹頂棲霞，照景波籠霧似紗。
> 五月高雄風景美，河堤開遍鳳凰花。

這是一首寫愛河優美景致的小詩。「綠樹」、「波霧」、「堤花」，呈現河畔夏日如畫的美景，讓作者小坐愛河特別有感覺。

吳景箕〈愛河漫步〉：

> 長虹一道上雲宵，幾處情人弄畫橈。寄語牛郎傳織女，而今不用鵲
> 填橋。

這首小詩寫在愛河散步所見。愛河橋優美如虹，處處可見情侶漫遊，盡情互傾衷曲，不必如牛郎傳織女，只能一年一度藉由鵲橋再相會。前兩句寫景，後兩句寫情，詩旨在強調愛河的「隨興浪漫」。

其他相關詩人詩作有呂筆〈愛河即景〉：「水清如鏡可怡神，復漢山川格

〔註4〕參見胡巨川〈詩酒移隨筆（四）〉，《高市文獻》頁39，第14卷第1期，2001
年3月。

外新。遊艇穿波人遺興，愛河幽雅十分香。」王天賞〈夏日愛河垂釣〉:「避
炎且趁日將殘，小憩河邊理釣竿。兩岸煙林饒景色，一灣雲水少波瀾。垂綸
最愛江天靜，養氣翻教心地寬。爲愛此間風月好，洛神恍惚見姍姍。」陳自
軒〈**春泛愛河**〉:「萬壽山前水，盈盈任泝洄。人如天上坐，船向鏡中間。燈
影搖橋下，歌聲起岸隈。風平波浪靜，勝景冠南臺。」鄭金鈴〈**春泛愛河**〉:
「河名仁愛喚，淑景約朋來。蕩槳情波裡，敲詩碧水隈。槎搖天上下，日暖
客徘徊。乘得吟身爽，東君自作陪。」

2、夜景

　　愛河的夜景，燈河閃耀，雙雙情侶漫步堤岸或樹下石椅小憩，風光浪漫
旖旎，每當月娘當空，一瀉千里，「靜影沉璧」，夜月景色更見嫵媚。

　　林靜遠〈**愛河夜色**〉:
　　夜後愛河如白晝，風光燦爛豔堪稱。水浮明鏡三更月，波幻金蛇兩
　　岸燈。壽嶺形潛煙一點，苓洲樹暗黛千層。雙雙情侶堤園裡，相襯
　　生輝景色增。

這首詩描繪愛河浪漫燦爛夜景，令人神往，河畔情侶漫步其間，倍增愛河之
美。詩中對仗工整，寫景優雅。

　　其他相關詩作如盧伯炎〈中秋愛河賞月〉:「顆顆銀燈映碧波，家家兒女
賽嫦娥。畫船歡度團圓節，不羨天河羨愛河。」張連蒲〈愛河夜色〉:「壽山
東畔萬家燈，一舸（按，音ㄍㄜˇ，大船）中流水不興。明映星輝擎玉宇，宵深
月色下雲層。幾疑渭水天爲象，歷閱旗津海立鵬。填就東西烏鵲道，情波微
動足牽繩。」

3、舟燈

　　每年賽龍舟和藝術燈節是愛河主要的藝文活動，活動都引來觀賞人潮，
眞個是「萬千雅客愛河邊，爭看奇景奮當頭」。

　　寫龍舟的詩作有吳子建〈**愛河賽龍舟**〉:「愛河人吊屈，端午賽龍舟。蘭
槳齊飛急，浪花四濺幽。奪標爭勵志，愛國奮當頭。奏凱宣簫鼓，江天壯氣
遒。」葉桂英〈**愛河賽龍舟**〉:「愛河清可鑑，端午賽龍舟。桂楫銀波泛，蘭
橈雪浪浮。江中爭奪錦，樓上醉吟儔。鈸響鑼聲裡，招魂鳳願償。」

　　觀燈的詩作有林鳳珠〈**戊寅年元宵愛河觀燈**〉:「燈河十里史難稽，絡繹
人潮似決堤。奇景爭看輝打狗，風情渾不遜巴黎。光芒遙煥靈峰畔，民藝勤

傳愛水西。文化中心亦相競，虎年耀彩一望齊。」吳露芳〈戊寅年元宵愛河觀燈〉：「節值觀光興不低，愛河河畔賞虹霓。如星點點三更耀，映水重重兩岸迷。韻事還疑唐世盛，風流合與晉時提。特殊活動當寅歲，流覽渾忘月已西。」陳啓賢〈港都觀燈〉：「電動蛇霓燦滿天，群民聚賞愛河邊。春光偏鬥燈光燄，夜色還同月色妍。憶昔崑崙三鼓奪，當今港市萬燈懸。鰲山韻事欣長繼，樂享昇平奏管絃。」

4、整治

愛河臭名遠播，整治過愛河，不但水質改善了，可供坐船泛遊、並設置親水設施、自行車道等使愛河舊貌爲之改觀，逐漸恢復昔日風華，甚爲地方所樂道。

劉福麟〈喜愛河澄清〉：

改觀舊貌點新粧，仁愛河邊共舉觴。浩大工程留懋績，欣看激濁又清揚。

這首小詩頌揚愛河整治有成。謂愛河整治工程後，讓愛河面貌煥然一新，值得舉杯慶祝。

其他相關詩人詩作有高源〈欣見愛河清〉：「愛河清映壽山前，二月東風別有天。日照樓台明旖旎，春遊士女樂留連。苓洲水接煙波麗，打鼓灣排草木鮮。吊屈端陽添韻事，一泓喜看賽龍船。」陳皆興〈喜愛河澄清〉：「當年垢納又淤藏，激濁揚清不憚忙。河水能教清且澈，神州指日卜重光。」

【西子灣戲水（後為中山大學）】

【西子灣】西子灣位於高雄市西側，壽山西南端山麓下，北瀕萬壽山，南臨旗津半島，爲一黃澄碧藍的海水浴場，是一處以夕陽美景及天然礁石聞名的灣澳。

西子灣的夕陽是高雄八景之一，海天一色的美景，美不勝收，黃昏時分，常可見一對對情侶在此互道情愫，更有詩情畫意。在清朝初年期間，西子灣名爲

「洋路灣」、「洋子灣」，後來有一位文學家卓肇昌寫了一首詩──「斜灣樵唱」，「斜灣」用閩南話讀出來就變成「西仔灣」，因為當地風景優美，可媲美杭州西湖，「西子灣」之名從此而得。學者羅家倫曾作〈西子灣〉詩：「烟螺曳翠水明霞，曲曲輕盈似浣紗。門鎖夕陽何處認，沿隄開徧馬櫻花。」描繪出當地動人的美景。

1980 年 7 月，中山大學正式建校成立，並以國父誕辰 11 月 12 日為校慶。中山大學座落於高雄西子灣風景區內，倚著壽山，傍西子灣，校園內草木翁鬱、花團錦簇，校舍美輪美奐。

詩人筆下的「西子灣」美景天成，活動多采多姿，茲加以分類並各舉數首解說。

1、戲水

曾陳彩華〈西子灣戲水〉：

炎蒸當夏日，福海萃吟豪。綠水添詩料，薰風拂鬢毛。中山黌宇峻，
西子晚潮騷。戲浪兼謳詠，忘歸未憚勞。

西子灣水質清涼，沙粒柔軟，海水浴場玩船游泳、戲水塑沙等活動都很適合。這首小詩寫在夏日晚風吹拂下，遊人在西子灣海水浴場「戲浪兼謳詠」，盡興快活，流連忘返。

相關詩作如許幸姬〈西子灣夜月〉：「萬頃銀輝水面生，數星漁火海波明。無邊月色風吹送，朗朗乾坤識舊盟。」張達修〈偕黃逢三陳彥谷遊西子灣〉：「勞勞何處散奇愁，去去西灣狎鷺鷗。山自埋金留勝地，我來曳杖作清遊。」

2、落日

西子灣風情萬千，黃昏是最美麗時刻，「西子夕照」也是台灣八景之一，不管是清朝時喚為「洋路灣」、「洋子灣」，或因「斜陽樵唱」的詩賦而曾有「斜灣」之稱，西子灣的夕照之美永恆不變！

黃嘉政〈西子灣落日風情〉：

金波搖落日，獨坐暗沙灣。倦鳥雲邊過，晚霞披暮山。」

高去帆〈西灣落照〉：

似血殘陽下碧空，餘霞散綺晚風中。胭脂漬透西灣水，別是驚心一
段紅。

栗由思〈西灣落照〉：

西灣日落海門前，萬道霞光映晚天。爲愛夕陽無限好，塵心滌盡尚流連。」

程惜陰〈西灣落照〉：

落霞反映海流丹，燦爛金波泛彩瀾。萬道光芒驚望眼，水天一色壯西灣。

這些小詩所描寫的西子灣落日景觀給人一種驚奇之美。當豔陽逐漸接近大海而變得溫柔，徐徐海風像媽媽的手，輕拂北側的柴山、此時此刻，落日像顆撐也撐不住的大蛋黃，在天際緩緩降下，與地平線相會約 40 秒就說再見，留下滿天的彩霞。情侶喜歡在這裡許下海誓山盟，最近，兩岸交流熱絡，連大陸觀光客也來爭睹不同於杭州西湖的「西子夕照」。

相關的詩作如王炳南〈西子灣晚眺〉：「西子盈盈潮色蒼，人皆游泳我追涼。海門西望飛帆外，白馬奔騰咽夕陽。晚風如水拂衣涼，葉葉歸帆漾碧光。好是落霞烘夕照，海天爛熳絢文章。」孫志雄〈西灣落照〉：「黃昏旗鼓半山紅，放眼煙霞碧水籠。海噬金烏呈罨（一ㄢˇ，掩蓋）畫，天懸皓魄映孤鴻。西灣落照年年似，客子回頭事事空。賞景歸來思后羿，忍留餘箭德無窮。」

3、聽濤

【西子灣聽濤】

中山大學校門口前的西子灣長長的城垛式防波堤，無疑是一張渾然天成的情人雅座，吸引許多遊客及情侶在此憩座，成爲蓮海路上西子灣經典的標記。由於海堤外就是高雄港第一港口貨櫃船進出的水道，再加上礁石突出的海濱堤岸，往往被急浪狂濤拍打出陣陣轟隆巨響，因此，這裡已成了情侶相約聽濤的好地方。

此外，西子灣海灘也是另個聽濤的場所。當夜涼如水時刻，若能相偕到

西子灣海灘散步，邊健行邊聽海濤，浪漫溫馨，也是一大享受。

　　袁定華〈西子灣〉：

沐雨浣紗壓翠鬟，浪花沖洗碧螺山。灘邊不管衣多濕，貪聽潮聲西子灣。

　　王隆遜〈西子灣聽濤〉：

名灣浴罷立斜暉，乍廳隆隆起遠磯。

鮫室鼇鳴毋乃是，吳宮屧響想應非。

勢傾山岳寒山膽，氣壯風雷動鼓旂。

海未枯時胥尚怒，洶洶環宇我安歸。

　　林靜遠〈西子灣觀潮〉：

避暑西灣水，意在滌塵俗。只因風浪大，不許客入浴。水畔幾徘徊，

欲去還駐足，品茗櫩陰下，坐觀浪起伏。一浪向前去，一浪向後逐。

後浪逐前浪，前潰後還續。恍如萬馬奔，紛向岸堤撲。堤堅不可決，

怒向空中矗。一聲澎湃響，高過數層屋。勢盡浪自散，四漸滾珠玉。

蔚然成大觀，恍然駭人目。我本百戰身，睹此頻根觸。想起征戰事，

怒上眉頭麈。所謂人海戰，不過此仿作。我若堅如堤，河山不沉陸。

所恨是當時，人堤未固築。家園重回首，淚滴衣袖綠。

第一首寫在靜聽潮聲的奇妙感覺，第二首描繪怒濤洶湧之勢，最後一首以古風體細寫浪潮聲音及形狀的千姿萬變，透過描寫浪潮起伏如萬馬奔騰衝擊堤岸，而堤堅不可決，寄情於景，感慨當時未能團結抗敵，導致國土淪陷，藉以抒發故國之情思。

　　【壽山】壽山又名柴山，舊稱打狗山、打鼓山，位於高雄市西南區，縱貫鼓山全區，南北長約五點五公里，東西二點五公里，為南北走向之珊瑚礁質丘陵地，舊稱麒麟山、埋金山、打狗山或打鼓山，最高海拔三百五十六公尺，是高雄市天然屏障。

　　柴山是一座自然寶庫，根據調查已知的植物約有 769 種、鳥類 64 種、哺乳類 9 種、爬蟲類 21 種，還有無數的昆蟲及其他動物。是高雄市市內一座容易親近又具豐富自然資源的聖山。為早期平埔族打狗社區原住地。山上林木繁盛，有萬壽山公園、忠烈祠、動物園、千光寺、法興寺、元亨寺等觀光點，沿著壽山動物園旁的小徑可至壽山風景區的石灰岩洞區，循著曲折狹小的石灰岩洞穴前進，可見石筍、石柱等鐘乳石結晶，見證大自然造物的神奇與奧

妙。萬壽山公園即壽山公園，其間草木青翠，環山道路四通八達，從山頂可遠眺高雄港埠、欣賞西子灣落日及高雄市的夜景。

【壽山台灣獼猴】

這裡還有「台灣獼猴自然生態保護區」，獼猴成群在林木間穿梭遊戲，運氣好的話還可欣賞到猴群跳躍的矯捷英姿。除了可愛的獼猴外，萬壽山動物園還有大型哺乳動物、爬蟲類，鳥類等各類珍禽異獸，而壽山動物園內還有一面我國目前最大的馬賽克壁畫。壽山公園旁中國宮殿式的建築——忠烈祠，供奉國民革命烈士神位，兩旁綠林濃蔭，祠前遍植古松，並有兩門清代大砲供人憑弔，其位置居高臨下，視野遼闊，也是遠眺高雄港及市區的絕佳地點。

有關壽山詩作相當多，本節擬分兩類說解：

1、壽山四季

壽山四季，各有不同的景致，所謂「萬物靜觀皆自得，四時佳興與人同」，小屋、老樹以及四季、黃昏美景，詩人徜徉其間，隨興所致，發為吟詠，風情雖殊，展現人與自然的和諧氣氛之旨趣則同。

栗由思〈壽山春曉〉：

壽嶺風光麗，風和草色新。扶筇登絕頂，覓句頌芳辰。

雲散千峰秀，香凝萬壑春。河山無限好，藻繪仰騷人。

鄭金鈴〈壽峰秋色〉：

挺秀涼風颺碧嵐，靈峰不老欲天參。姿容未瘦遊人爽，夕映霞光萬里涵。

第一首詩在寫春曉登臨壽山所見景致，前三聯寫景，尾聯寫意。以「風和草色新」點出「春」。後首詩則是秋登之作，全詩寫秋景，以「姿容未瘦遊人爽」點出「秋」高氣爽時節。

相關詩人詩作如王隆遜〈壽山春色〉：「神秀高標絕海隅，晴嵐煙樹繪名

區。山原不老春常在，河自多情愛不渝。芳草鋪茵人拾翠，好花迎客鳥提壺。更看瀲灩蓮潭上，雙閣文光聳九衢。」陳自軒〈春日壽山〉：「春集壽山陲，風光分外姿。同傾樽北海，且繼會南皮。彙筆鷗盟鷺，迎眸鼓崎旗。靈辰人意好，欣詠寇公詩。」曾人口〈春日壽山〉：「壽嶺縫人日，騷壇會故知。哭腸澆烈酒，歲首寫雄詞。字拙鍾王妙，情眞李杜奇。春寒心不冷，吾道且維持。」

翁祖楊〈冬日登壽山〉：「壽山風物夙聞名，一杖衝寒抖擻行。枯葉辭枝荒澗塞，斷雲遮谿暗泉鳴。嚴懸仰視雖多險，徑陡徐登亦似平。日暮詩成誰與和，叢篁幽籟答吟聲。」

2、壽山登遊

【動物園售票亭登山口】

壽山地質屬隆起珊瑚礁石灰岩，天然岩洞及榕樹甚多，共有三處基石：第一處在好漢亭上方，稱南壽山或尖山，海拔330公尺，山頂有基石及水泥樁，視野極佳；第二處在龍皇寺後方的國泰休息區附近，稱內惟三角點，海拔70公尺，山頂有台灣省政府圖根補點二四O號基石，林中無視野；第三處在小坪頂上方，稱北壽山，海拔300多公尺，山頂有國軍三角點基石及高市府控制點基石各一顆，視野佳。北壽山步道沿線，常見樹種包括構樹、菊花木、及山紅頭、繡眼畫眉等嘹亮的叫聲。

壽山之登山口有多處，如鼓山一路元亨寺、動物園售票亭、鼓山高中西側停車場、龍皇寺及西子灣中山大學校園等，步道條條相通，高市府於1998年舖設了很多木棧道，除了三角點外，其主要景點有盤榕、蓮花洞、雅座、猴岩、小坪頂、龍門亭北好漢坡、七蔓站南好漢坡等。

詩人張彬彬登遊柴山，在山內發現許多可愛的飛禽和獼猴，眞是大「快我心」，寫下〈柴山遊〉。詩云：

　　樹穿幽洞宿猿禽，放眼風光快我心。遊客如梭鴻爪印，柴山勝蹟入
　　詩吟。

柴山鳥類資源多，台灣獼猴﹝更與人零距離，在在讓他留下深刻印象。

　　林德志〈壽山納涼〉：

　　酷暑凌人甚，消炎壽嶺行。陰濃多爽氣，山靜適閒情。

　　風自林端起，涼從谷口生。藉除名利熱，閒對一棋枰。

這首詩寫在壽山內享受幽靜及涼風納涼的感覺，可以喜滌胸豁，令人俗慮全消。

　　張永達〈高雄壽山下瞰〉：

　　草綠花紅二月初，壽山奕奕水舒舒。樓船漁艇煙波市，卅萬人家十萬車。

　　林玉書〈夜登壽山偶拾〉：

　　登高俯視高雄市，電閃清光萬點青。假使月中人一瞥，也同耿耿滿天星。

【在壽山下瞰高雄市區】

以上兩首詩皆敘述在壽山頂鳥瞰高雄市所見的日夜不同景觀。「樓船漁艇煙波市，卅萬人家十萬車」寫市容及港區日景；「電閃清光萬點青」則指霓虹閃爍的夜景。

　　相關詩人詩作如王隆遜〈壽山納涼〉：「尋涼何處去，策杖壽山行。坐愛榕陰靜，臥聆竹籟清。消炎棋一局，遣興酒三觥。頓覺襟懷爽，歸來月正明。」

　　郭行健〈高雄萬壽山夕照〉：「車塵逐影夕陽斜，萬壽山腰逗晚霞。幾處笙歌飛悅耳，帆檣燈火接人家。」陳季碩〈向夕從高雄海口望旗鼓兩山〉：「落日鳴笳下大旗，鼓山誰打進軍椎。中流一楫爭天出，我似曹公橫槊時。拍隄巨浪喧鼉鼓，蔽日游雲幻蜃樓。滌盡塵襟天欲暝，坐看江上返漁舟。」劉聲

濤〈壽山公園夜望〉:「夜幕方垂暗翠隄,愛河燈影幻虹霓。迎眸鼓嶺輕烟繞,
翹首苓洲淡月低。幽靜林園誰共賞,繁華歌舞客偏迷。瀨南一角渾如畫,俯
瞰何妨到曉鷄。」鄭坤五〈壽山遠眺〉:「青春結伴上崔巍,西子灣頭眼界開。
對岸風雲消又長,如棋人事去還來。光陰逝水流難盡,澎湃時潮挽不回。我
亦望洋三嘆息,鎮南關已沒蒼苔。」

　　【高雄港】高雄港原為一小漁村,1684 年起,清人開闢高雄港成為高屏
地區物產集散之商港,幾年後,高雄港轉為國際貿易港,正式成立高雄關,
並在高雄港旗后設海關分關,派英人為首任稅務司,從此高雄港乃從過去之
漁港、小商港,一躍而成為本省之主要國際港埠。1875 年,清副將王福祿建
砲台三座,一在打鼓山大棚頂,裝設大砲四尊;一在臨海扼要處,裝設大砲
四尊加強海防。1883 年,海關在旗后山頂建一燈台。1895 年,依馬關條約,
割讓台灣予日本,迨至 1896 年 9 月 15 日,高雄港始為日軍攻佔。日人重視
經建基本建設,開拓基隆、高雄兩港。

　　1937 年,中日戰起,高雄港軍運頻繁,吞吐貨物量已達二百五十萬公噸,
日人所完成之高雄港第二期二十六年建設工程亦於當年完成。1941 年,太平
洋戰爭爆發,築港工程全部停頓,1939 年為高雄港貿易最盛時期,1944 年 10
月 12 日,盟機大舉空襲高雄港起,至翌年 8 月 15 日,日本向盟軍無條件設
降止,高雄港所有碼頭、倉庫、起重設備,幾全被炸毀,且為阻滯盟軍進攻,
日自沉大船五艘於港口,總噸位達七千四百五十三公噸,高雄港遂成死港。

台灣光復,成立高雄港
務局,接著辦理十二年擴建
工程,先後完成中島新商港
區開發工程計劃,增加深水
碼頭二十七座,淺水碼頭二
座。同時有高雄加工出口
區、前鎮漁港、臨海工業
區、一貫作業大鍊鋼廠、百
萬噸級大造船廠,以及第
一、二、三、四貨櫃中心等
相繼之開發。

【高雄港風光】

　　為使孤懸外海之旗津

與高雄市區聯成一體，港務局於 1984 年完成過港隧道工程，通行客貨車輛，使高雄港成為已具現代化設施之國際商港，誠如高雄詩人陳啓賢〈高港觀航〉所說：

> 院轄高雄譽早馳，中興有兆世皆知。樓房綺麗朝墩映，港埠繁華萬象熙。豪艇渡輪迎顧問，艨艟巨艦泊滄湄。觀光勝地聞遐邇，各國梯航落繹時。

由於高雄港貨櫃裝卸業務日益增加，1989 年起，賡續興建第五貨櫃中心，計有八座深水碼頭，於 2000 年完成運作。後來由於國家政策走向不明，加上中國廣建深水港的影響，導致台灣經濟發展受挫，高雄港貨運競爭力大幅衰退，世界排名直直掉落到第六名。2008 年後，兩岸經濟交流走向熱絡，高雄港否能振衰起弊，國人莫不拭目以待。

近年來，高雄港務局也積極發展觀光事業，開放觀光渡輪遊港活動，由於港區遼闊，周遭景觀優美，假日坐船遊港的人潮有增無減。詩人遊港又會激發怎樣的詩興呢？

李德和〈重入高雄觀港〉：

> 旗鼓雙巒左右排，中流放乎汽船開。波平浪靜風光麗，極目雲天水一涯。

這是一首純寫高雄港景致的小詩。一二句寫船隻入港口位置，恰處於旗后山與鼓山對峙處；三四句說港區內波平浪靜，遠望出海口水天相接，連成一色。

簡錦松〈秋遊高雄港〉：

> 十月不寒吹面風，攝衣聊共立舷東。稍分津浦秋天靜，漸過運河西水通。籌筆寧無經濟手，逝波惟渡夕陽紅。龍驤萬斛知何日，股市金融國已空。

這是一首秋思詩作，藉景寓情，旨在感慨高雄港貨運競爭力大幅衰退。前兩聯寫景，後兩聯寫意。首聯記秋日與友人遊船實況，首句由「吹面不寒楊柳風」轉化而來，句法活潑。頷聯寫遊船經過海域，「漸過運河西水通」一句點出高雄與大陸一水之隔，命脈相繫。頸聯寫大陸經濟起飛，高雄港貨運競爭力相對衰退，感慨台灣沒有強而有力的經濟舵手，可以力挽狂瀾。尾聯抒發慨嘆，當年台灣股市、金融王國的盛況，何時可再出現？

相關詩人詩作有劉百鈞〈高港觀航〉：「形如鎖鑰港良宜，山勢天然似鼓旗。雪映千堆濤捲處，幟懸萬國錠收時。碼頭裝貨商情確，境外通航政策施。

兩岸深期能互信，相成相輔莫相欺。」李玉林〈高港觀航〉：「險稱隘口望中窺，港道湍深挾鼓旗。漁艇弄潮看漲落，輪船戰浪不傾欹。天車探海懸鋼架，貨櫃行空繫釣絲。貿易他邦成動脈，輸將內陸奠根基。」

　　李玉水〈高港觀航〉：「天然港口具宏規，放眼雄州盡釋疑。戰浪商船來次第，連雲貨櫃不參差。先由引水開航導，暫繫浮筒擇岸移。國際前茅吞吐量，台灣經濟藉揚眉。」

【左營舊城東門】

【舊城】舊城位於高雄市左營區，又稱左營舊城。由於清代左營劃歸鳳山縣管轄，故稱為鳳山縣舊城，並非指本城位於今高雄縣鳳山市。現今看到的舊城是道光五年（1825年）所重建。由於後來在埤頭街（今高雄縣鳳山市）又蓋了一座鳳山縣新城，因此相對於「新城」，左營舊城就被稱為「舊城」。

　　左營舊城在臺灣的築城歷史中，具有許多特殊之處。東門、南門、北門、城牆、護城濠、北門外之鎮福社及拱辰井現為一級古蹟。

　　除了荷蘭人蓋的幾座紅毛城外，臺灣的第一座中式城池即為鳳山縣舊城，可謂臺灣城池之祖。而鳳山縣舊城不但是臺灣第一座土城，也是第一座石城；另外，第二次築城時將一座孤立的山峰（龜山）圈圍在城內，並在北門左右兩側設置泥塑門神，在清代臺灣的縣城中都是唯一的例子。環顧清代在臺灣所築之城池，除恆春古城外，當屬鳳山縣舊城保存最為完整。

　　舊城在日據時代有所謂「八景」〔註5〕，即翠屏夕照（半屏山夕照）、港塘倒影（蓮池潭）、隆寺納涼（位在龜山上，日據末被拆除的興隆寺）、丹溪晚渡（今左營軍港），空谷傳聲與仙洞對奕指的是龜山或半屏山某處、桃塔春雲指桃仔園某

〔註5〕　參見胡巨川〈詩酒鎵隨筆八〉，高市文獻第19卷第2期，頁130～131，高雄市文獻會，2006年6月。

寺廟之高塔，月池垂釣指的是舊城公學校內的半月池。戰後詩人遊舊城，懷古有感，也留下不少詩篇。

李彬〈舊城懷古〉：

> 不再笳聲破寂寥，徘徊古壘認前朝。金湯已矣餘殘壁，蒼鬱龜蛇對
> 峙遙。

這是一首舊城弔古的小詩。昔日「金湯」、今日「殘壁」，今昔對照，頗有世事滄桑之感。

陳保宗〈舊城〉：

> 舊城城壁破，廢跡認前朝。斜照左營外，荒村草木凋。

這首詩描寫舊城荒涼破落的草木凋零的景觀。

其他相關詩人詩作如黃嘉政〈遊舊城遺址有感〉：「舊城遺址百餘年，雉堞空壕數里延。殘壁今修還古貌，樓臺人去久無絃。」李向榮〈遊左營舊城〉：「細詢父老左營名，國姓當年駐重兵。獨上龜峰最高處，夕陽憑弔鳳山城。」林鳳珠〈春遊左營〉：「偶來散策舊城東，一水三山景色雄。最愛清遊逢別境，臥雲莊內醉春風。」

蔡月華〈舊城煙雨〉：

> 環城草綠碧如茵，雉堞初逢淑氣新。粉蝶紛紛飛上下，不知孔廟是
> 芳鄰。

這首詩寫舊城雨後綠草如茵景，城上雉堞也被沖洗的煥然一新，這時色彩豔麗的小粉蝶紛紛出來圍繞舊城上下飛舞，卻不知道隔壁就是人潮出入的孔廟，有人正在欣賞它們可愛的舞姿呢。前三句寫景，末句擬人寫意。讀來清新有味，「不知孔廟是芳鄰」句，神來一筆，充滿詩趣。

其他相關詩人詩作如李清泉〈舊城煙雨〉：「大地陽回景物新，舊城草木見精神。寇公詩與王維畫，藻繪天南萬里新。」蔡月華〈舊城煙雨〉：「古縣成舊跡，空濛照舊城。龜山濃霧鎖，雉堞淡雲橫。高閣形投影。平潭水隱聲。如膏休便霽，有待濟民生。」

【蓮池潭】蓮池潭舊稱蓮花潭，位於臺灣高雄市半屏山之南，龜山之北，是高雄市左營區區內最大的湖泊，潭面面積約 42 公頃，源於高屏溪。1686 年鳳山知縣楊芳聲建文廟時，以蓮池潭為泮池，在池中栽植蓮花點綴。每值炎夏，荷花盛開，清香四溢，乃有「蓮池潭」之名，而「泮水荷香」列為鳳山八景之一。1705 年，鳳山知縣宋永清再對蓮池潭濬修。現因湖畔半屏山特殊

造型與龍虎塔遠近倒映水中，而以蓮潭夕照聞名。1842 年，知縣曹瑾與鄉紳鄭蘭等人，對蓮池潭加以擴建，並開闢圳路引潭水灌溉四周的農田千餘甲，使興隆里成為豐衣足食的富裕之鄉。

【蓮池潭五里亭】

早期的蓮池潭，是由文廟、龜山、半屏山、菱荷與垂柳所組成，之後陸續興建春秋閣、五里亭、龍虎塔、北極玄天上帝聳立於潭中；潭面北側尚有宏偉的高雄孔廟與萬年公園，南側有鳳山縣舊城殘垣點綴著。這些景觀，與環潭十二座香煙繚繞的廟宇相互輝映，潭面東側是蓮池潭入口的巨大牌樓，與中西合璧的高雄市風景區管理所。

2004 年起，高雄市政府建設局開始在環潭路設置光之潭及親水設施，使蓮池潭的夜色更加光彩。近年來左營地區廟宇的慶典活動——萬年季便在此地舉辦，使得每年的十月分蓮池潭充滿了民俗節慶、宗教文化的歡樂氣息，更因此帶動了地方觀光的人潮。

蓮池潭西岸廟宇林立，500 公尺內擁有 20 餘座寺廟，由北而南的景點分別有孔廟、北極玄天上帝、啟明堂、春秋閣、五里亭、龍虎塔等。2009 年世界運動會，蓮池潭被獲選為此次世運 23 個比賽場館之一，因此在 2008 年起進行拷潭工程和周邊美化工程，將在潭區進行輕艇水球、滑水和龍舟比賽。

以下舉若干詩人詩作說解如下：

許成章〈蓮潭春曉〉：

荷香不見泮池存，曉對莊嚴孔廟門。睡起半屏臨水鏡，仰高雙閣叩天閽。採菱船過春無跡，釣國人來夢有痕。大異五湖遊日落，且看朝氣滿乾坤。

這首詩描述蓮池潭景致也不忘抒發性靈，整首詩讀來給一人種空靈的感覺，而且更為飄逸，對環境的描寫更為深刻，而寫春景是在日未出之時，給人一股安靜的感覺。

陳自軒〈蓮潭消夏〉：

　　雨過蓮潭淨，尋涼路不遙。芰荷開笑靨，楊柳舞纖腰。鼓枻情偏逸，

　　浮瓜興更饒。能師周茂叔，此趣自高超。

這首詩寫夏天雨後蓮潭景致，給人一種清淨涼爽的感覺。中間兩聯寫景修辭優美，最後用典寄願，戛然而止，讓人回味。

　　其他相關詩人詩作有龔天梓〈蓮潭逭夏〉：「其一：火傘當空興未賒，連蓮舟泛賞荷花。春秋閣上觀清史，慮滌暑消落日斜。其二：當空烈燄使人喈，逭暑鷺鷗興未賒。舟泛蓮潭忙覓句，柳陰深處賞荷花。」雷祥〈蓮潭賞荷〉：「雨霽驕陽似火球，蓮潭避暑興悠悠。千層翠蓋迎風舞，萬朵紅蕖出水浮。白鷺凌波蟬噪蔭，黃鸝囀柳馬嘶丘。荷香十里遊人醉，欸乃聲中月滿舟。」

　　程惜陰〈蓮潭賞荷〉：「蓮潭十里暗香浮，不染污泥品質優。出水芙蓉飄麗影，凌波翠蓋滾晶球。亭亭玉立芳華展，楚楚風姿雅韻流。恰似湘妃新浴罷，胭脂細抹笑含羞。」陳啟賢〈蓮潭賞荷〉：「啟明堂宇映蓮潭，習習薰風客駐驂。雙閣玲瓏山聳翠，一池瀲灩水拖藍。賞荷群屐欣同伴，觀景吟行喜共探。春去恰逢新霽後，晨遊勝比在江南。」

　　高平〈蓮潭賞荷〉：「澄潭如鏡柳如煙，水上凌波女勝仙。濃抹淡妝泥不染，輕顰淺笑我猶憐。菱歌疊唱浮雲散，暑氣全消逸興遄。何日西湖歸去也，縱橫十里任留連。」張連蒲〈蓮池潭秋色〉：「息肩池畔避塵囂，野色嵐光木未凋。山吐白雲荷一沼，煙含青靄柳千條。金風肅殺環龜背，碧水平鋪近鯉腰，晼晚春秋高閣外，遊人對景獨逍遙。」

　　【半屏山】半屏山位於高雄市境內，左營、楠梓兩區交界之處，蓮池潭之東北邊，與龜山隔潭對峙，是一座呈東北——西南走向的小山，海拔約二百二十公尺，最長約兩千八百公尺，最寬約有九百公尺。半屏山這個名字

【半屏山生態公園】

的由來，根據《鳳山縣志》的記載，因為半屏山是傾斜的台地狀孤丘，其外

形不但很像被斧頭削去一半，遠遠看去，也像展開的屏風旗幟，所以就有了半屏山的稱呼。半屏山自古即是著名景點，是清代鳳山八景「翠屏夕照」之一，並以「屏山塔影」聞名於中外。

由於半屏山的造型奇持，因此從古到今，產生許多關於半屏山的傳說。但由於山上的石灰岩已遭水泥廠開挖多年，目前半屏山不但高度變低，樣貌也與以往大不相同，原本具有的特色至今已看不大出來了。高雄捷運於左營＝世運兩站間，設有穿越半屏山之全線唯一山嶽隧道。事實上，世運車站於設計階段時，即暫名半屏山。

半屏山以造型特殊聞名，其奇特的半壁造型，民間也流傳著許多不同的神話故事。其中最有名的一則是昔日有位仙人下凡到左營，想找個「知足不貪」的徒弟，於是仙人便劈下半屏山半壁土石和著蓮池潭的水製成湯圓，並掛上「一枚一文錢，二文任意拿」的招牌。結果所有經過的人，都付兩文錢，爭先恐後的把湯圓成袋裝走。最後有一位年輕人，先用一文錢買了一顆湯圓，吃完後再用拿一文錢買另一顆湯圓，之後仙人便領著這位年輕人，緩緩升天離開。

1960 及 1970 年代，水泥工業大肆在半屏山開採水泥，以供應台灣多數水泥原料的需求，以致鐵公路旁煙塵瀰漫。近年來已規劃成自然公園，其中更因為化石的大量出土，成為高雄市小學校外教學的重要場所。出土的化石包括有台灣古象、中國劍齒象、副猛瑪亞洲象、諾曼象和中國早阪犀牛、牛科、龜類、台灣古鱷、鹿科、鯨魚、鯊魚、貓科及魚類等，種類繁多，文化局正商議在此建立化石館。

半屏山在高雄市左營區，壯如列嶂如畫屏，故名。屏山夕照與西子消夏、砲台懷古、愛河泛月、旗津待渡、壽山觀海、蓮潭避暑及柴山春夢並為高雄八景。有關半屏山詩作大都以半屏山夕照為題。如許成章〈半屏夕照〉：

> 前朝八景入詞曹，夕照殘山不在高。雙閣增輝金閃閃，一潭蘸影水滔滔。斜穿聖廟單青古，遠映孤城壁壘牢。西望中原猶板蕩，揮戈返日待英豪。

這是一首藉景抒情的小詩。這首詩前三聯皆為寫景，尾聯寫意。首聯寫屏山夕照為八景之一，在詩人筆下，夕照之美，不在山高。中間兩聯寫登山所見蓮潭池、春秋閣、孔廟及舊城等景，這些美景固然可觀，但中原之美蒙塵，徒呼負負。所以，筆意一轉，期盼「揮戈返日待英豪」。

其他相關詩人詩作有劉聲濤〈半屏夕照〉:「斜陽一抹滿蓬蒿,獨映屏山翠影高。波鏡平潭人照鏡,雲橫雙閣客浮舠。逍遙晚景詩懷爽,點綴晴嵐劍氣豪。弔古時來城外路,滄桑回憶首頻騷。」

呂筆〈半屏夕照〉:「東南屏障最堅牢,傍晚嵐光照更豪。旗鼓堂皇吞日色,龜蛇壯麗隱共韜。梢頹拳石堪攻玉,半削岡巒不用刀。閣署春秋塘印影,斜暉一道掛林皋。」張連蒲〈過半屏山懷古〉:「英雄出處本無家,歷盡青山又海涯。贏得霸圖餘半壁,舊城無處可棲鴉。」王炳南〈過半屏山〉:「濕雲挾雨畫冥冥,簇簇秧針出水清。三過半屏山下路,愧無隻手遮山靈。」

【左營春秋閣】

【春秋閣】左營啓明堂以孔聖作春秋、貶惡褒善而亂臣賊子懼。關聖讀春秋,篤行大道而三綱五常全。築春秋二閣,發揚春秋大義,乃於 1952 開工,至 1953 年 6 月落成,春秋閣位於蓮池潭上,閣身建築古色古香,美輪美奐,吸引眾多遊客登臨佇賞,成爲全台有名的觀光景點。

春秋閣爲兩座中國宮殿式樓閣,名稱爲春閣及秋閣之合稱,各爲四層八角,綠瓦黃牆,宛如寶塔,古色古香的塔影倒映水中。各有九曲橋相通,又稱「春秋御閣」。春秋閣的前端有一尊騎龍觀音,地方相傳觀音菩薩曾騎龍在雲端現身,指示信徒要依其現身之形態建造聖像在春閣與秋閣之間,故有現在騎龍觀音聖像。

春秋閣曾經入選觀光局指定的台灣旅遊地標,中華郵政並以之入圖,發行國內外,故春秋閣早爲家喻戶曉的景觀。詩人面對如此的勝蹟,爲之吟頌有加。

鄭金鈴〈春秋閣落成〉:

> 美輪美奐啓明堂,閣聳樓高映四方。武聖千秋繁俎豆,文宣萬世永馨香。左旗飄影龍蛇動,右鼓徵祥日月光。烏革翬揮星可摘,新天勝蹟喜無疆。

這是一首歌頌春秋閣落成的小詩。首聯點明春秋二閣與啓明堂關係。頷聯一

指孔聖人一指關聖帝君，以呼應閣名，頸聯實講閣樓氣象，尾聯虛寫閣樓功能。這首詩四平八穩，頷頸聯對仗甚工，全詩以歌頌為主，是一首典型的擊缽詩作。

　　春秋閣既如此富麗典雅如能登上閣樓小憩或遠眺賞景，感覺又是如何呢？王天賞〈秋日登春秋閣〉：

　　連翩裙屐共揚騷，望遠登臨氣自豪。泮水荷鄉留勝蹟，蓮潭日暖泛遊艘。閣中作序懷王子，堂上題糕屬我曹。四顧憑欄秋色好，龜山塔影紀賢勞。

這首詩前兩聯寫景，記登上閣樓望遠所見氣象，後兩聯抒情。詩中寫自己在閣中擊缽寫詩情趣，轉想唐代才子王勃寫藤王閣序的豪氣，頗有自況的意味。

　　其他相關詩人詩作有楊乃胡〈春秋閣詩〉：「玲瓏雙閣署春秋，影倒蓮池景更幽。絕好半屏峰對峙，馨香再拜漢孤忠。」李傳亮〈南遊雜詩左營春秋閣〉：「乘興驅車入左營，春秋二閣碧玲瓏。仲尼居左關侯右，至聖精忠俎豆香。」陳竹峰〈春日紀遊春秋閣〉：「好景重尋亦快哉，暖風吹向左營來。水中畫閣長相峙，十頃池蓮惜未開。」

　　王隆遜〈秋日登春秋閣〉：「閣聳春秋百尺高，登臨有客盡詩豪。霞明鳳岫紅千朵，水漲蓮潭碧半篙。籟逐西風聞淅瀝，山圍故郡固週遭。更逢四美吟懷爽，序繼滕閣屬我曹。」高文淵〈秋日登春秋閣〉：「放眼湖山翠四鄰，西風蕭瑟一吟身。凌波萬頃蒼茫裡，閣壯三層結構新。秋色最宜來墨客，鄉愁頓觸倚欄人。月明消受蓮潭景，絕頂飄飄袖拂塵。」

【大貝湖】大貝湖原名大埤湖，屬於天然湖泊，後易名為「大貝湖」，1963年，先總統　蔣公改稱為「澄清湖」後，沿用至今。澄清湖風景特定區以「三橋」、「六勝」、「八景」著稱。風景區內設有泡茶區、烤肉區、海洋奇珍園。

　　澄清湖風景特定區位於高雄縣鳥松鄉澄清路

【澄清湖風景特定區】

上，湖總面積約 375 公頃，其中湖面佔 103 公頃，為南台灣知名之觀光勝地，素有「台灣西湖」之稱。「三橋」是指鵲橋、九曲橋（曲橋釣月）、吊橋（富國島）。「六勝」則為自由亭、豐源閣、百花岡、富國島、千樹林、更上臺。

「八景」是梅隴春曉、曲橋釣月、柳岸觀蓮（蓮花景觀今已不復見，有點可惜！）、高丘望海、深樹鳴禽、湖山佳氣、三亭攬勝、蓬島湧金等。

八景名稱是於 1960 年 6 月間，何應欽將軍邀請于右任、賈景德、莫德惠、梁寒操、程天放、張維翰、高登艇、王家渠等諸名家舉行命名座談會後決定的，並請名家另題勒石、景碑，選各景之適當地點豎立起來，永誌紀念，其後各景經不斷充實及修改，始呈現在的規模。

第一景：梅隴春曉。位在觀光區大門樓外及門內，越小丘至湖濱一帶。景點有景碑、水族館、銅獅、玉犀、蔣公銅像、鵲橋、大門樓。梅隴春曉一景有高登艇詩：「湖光山色兩相涵，閒與梅花共討探。天外雞聲春欲曉，一枝先為寄江南。」

第二景：曲橋釣月。由寧靜園沿湖岸經近水欄、更上台、穿迎花架，過九曲橋，越豐源閣，登慈暉樓至舊兒童樂園一帶。景點有近水欄、更上台、迎花架、九曲橋、豐源閣、慈暉樓、舊兒童樂園、睡蓮池。在此湖邊漫步，輕風吹拂，令人神清意爽。

【澄清湖柳岸觀蓮】

第三景：柳岸觀蓮。由舊兒童樂園至甘泉橋尾一帶。景點有射箭場、划船場、騎馬場、蓮花。賞蓮划船一境互異奇趣。

第四景：高丘望海。位甘泉橋至周雨寰將軍墓、鐘樓、富國島、思源亭、中興寶塔一帶。景點有：甘泉橋、周雨寰將軍墓、鐘樓、富國島、思源亭、中興寶塔。登上高塔，澄清湖全景及高雄港市之景，船隻大樓及飛機起降，均入眼底。

第五景：深樹鳴禽。位中興塔經千樹林至攬秀樓一帶。景點有千樹林、

攬秀樓。區內有各種貴重樹木，並建有花壇及花徑，單雙路過其中，鳥語花香，景色宜人。

第六景：湖山佳氣。位千樹林對面突出湖面之半島。景點有國軍忠烈祠，供奉國軍將士之靈骨，庭園之佈置極為雅緻，山靈水秀伴忠骨，義氣長存。

第七景：三亭攬勝。位在澄清湖青年活動中心前約五百公尺傍湖之坡地上。景點有三亭分圓形、六角、八角三種，命名有如亭、淡如亭、清如亭，採用我國固有建築藝術之型式，石凳、亭外草坪為觀日出、賞月理想地點，現有原木步道、露天表演台，休閒聚會兩相宜。

第八景：蓬島湧金。位在湖之東岸，突出於湖面之半上。景點有得月樓，黃昏日落時，彩霞倒映，光芒萬丈，波光如湧金。

詩人遊賞大貝湖雅作甚多，可見其魅力。

先讀張公略的〈大貝湖〉：

> 鳳山開勝景，貝水湧清波。聯袂尋幽渚，驅車上曲阿。
> 新亭迎曉日，冷蔭圍繁柯。藉艸觀魚躍，憑欄睇鳥過。
> 遠山開翠嶂，小嶼立青螺。建業資源富，民生利多用。
> 供廚曾煮茗，潤物又生禾。蒸發機輪動，涵濡水土和。
> 冰壺浮激艷，虹管灑滂沱。洗耳寒堪挹，濯纓清可歌。
> 涼園風峭勁，芳客影婆娑。手杖攜青竹，皮鞋踏碧沙。
> 閒堪恣眺望，老不廢吟哦。信筆題詩句，焉知鬢已皤。

這首詩細寫澄清湖景物、蓄水功能並抒發遊湖興致。首先寫澄清湖位址、性質。然後詳細描繪湖區景物，包括涼亭、樹圃、游魚、飛鳥，山坡翠竹，小島青螺。有人文之景、有自然之景，有水底之景、有天空之景，諸景有遠有近，寫景相當細緻。接著敘寫澄清湖蓄水及其水質之清冽，實有利用厚生之功能。最後，藉景抒情，寫自己遊湖之樂趣。「閒堪恣眺望，老不廢吟哦。信筆題詩句，焉知鬢已皤。」四句點明遊湖寫詩，隨興所至，有不知老之將至的意味。

澄清湖的四季景觀，在詩人心目中呈現怎樣的風情呢？

陳子波〈春日遊大貝湖〉：

> 大貝風光麗，沿堤草色齊。魚遊春水活，霧罩遠峯迷。
> 籬畔花如錦，湖邊柳苗稊。好音傳不斷，處處曉鶯啼。

莊明山〈大貝湖秋望〉：

天府題來第一洲，登臨如上岳陽樓。岡陵起伏環湖水，秋盡蘆花未
白頭。

前首寫澄清湖春景，後者寫秋景。兩首詩用字淺白易懂，節奏明快輕鬆。

前者以「花如錦」、「湖邊柳」、「曉鶯啼」點出春意，呈現一片春意盎然
的氣象。後者以「蘆花」點出秋意，襯托出一種蕭瑟秋涼的感覺。

一日之內，澄清湖朝夕的景觀又有何變化？

周士奎〈春晨遊大貝湖〉：

仿得西湖意，來描大貝姿。花濃香遠度，露重柳低垂。
曉日慵開眼，春山淡掃眉。風流賢令尹，催賦畫中詩。

許紹棣〈暮遊大貝湖〉：

緩撤臨名湖，波光引暮色。微風起漪漣，倒景搖靈窟。
合歡若雲屯，相思凝玄碧。隔岸燈火明，宿鳥歸飛急。
紅紫漸迷離，松檜轉紆鬱。想像姑射姿，依稀西子匹。
羈栖懷舊遊，喟焉慰飢渴。

前首詩寫早遊澄清湖所見所感。詩中以「花濃香」與「柳低垂」兩句寫視，
觸覺作用，呈現澄清湖早景的氣氛，末句指出受縣長陳皆興催促作詩的本意。
後一首則寫黃昏遊湖的所見所感。先寫出湖區景致，包括湖面倒影與樹木即
景。「隔岸燈火明，宿鳥歸飛急。紅紫漸迷離，松檜轉紆鬱。」等四句描繪黃
昏景象。最後四句寫意，謂澄清湖可媲美西湖，來此遊賞充實心靈，使人流
連忘返。

雨後的澄清湖，呈現一片清新氣息，別具韻味。

王福棠〈雨後遊大貝湖〉：

二月風光麗，明湖逞早春。樹深能宿鳥，花亂欲迷人。
曉谷纏浮翠，芳堤不染塵。綠波初雨後，山色更添新。

全詩描寫春雨後的澄湖風光。「花亂欲迷」寫嗅覺、「芳堤不染」是觸覺，「山
色添新」則是視覺之美，寫景處面面俱到。

其他相關詩人詩作有張達修〈遊大貝湖〉：「樓臺掩映樹蔥籠，探勝人來
夕照紅。十里烏松村外路，幾疑身入畫圖中。」曾今可〈大貝湖〉：「大貝湖
連小貝湖，岡巒重疊樹扶蘇。春來水漲深千尺，著個扁舟即畫圖。」黃國瑛
〈大貝湖〉：「負手行吟淺水隅，夕陽西下片雲孤。參差巒影疏林外，湖上春

光澹欲無。」盧伯炎〈遊大貝湖〉：「無奈清遊客作家，明湖十里柳枝斜。可憐最是堤邊路，月白闌干紅草花。」

吳乾元〈遊大貝湖〉：「水鄉景色四時幽，春到園林草木柔。如此風光宜入畫，不慚南國小瀛洲。」羅澍〈遊大貝湖〉：「符實自宜大貝名，珠生湖底水浮瑛。滄浪縱是清如鏡，未許遊人任濯纓。」許寸金〈大貝湖〉：「欲避塵囂夏日炎，行行一路快吟瞻。綠陰返照寒波碧，久住名湖我不嫌。」

曾養士〈大貝湖景色〉：「大貝湖光不盡思，湖光如畫又如詩。遊人多爲湖光醉，我把湖光當麗姬。」魏金鐘〈秋日遊大貝湖〉：「同試乾坤日夜浮，貝湖秋勝洞庭秋。環山花木猶春色，端合離愁變莫愁。」姚琮〈大貝湖〉：「連管百餘里，應知水勢雄。廣輪隨日轉，百物遂年豐。湖樹鶯千囀，山雲鶴一沖。富強從此始，不必哭途窮。」鄭燊生〈春日遊大貝湖〉：「何處春遊可，閒過大貝湖。綠茵舒倦眼，明水照新吾。花若迎騷客，身疑入畫圖。林陰得佳趣，鶯燕正酣呼。」

葉瑤琳〈春日遊大貝湖〉：「閒倚自由亭，煙波望渺冥。湖平雙岸闊，。苔映一簾青。粉蝶花間舞，輕舟柳外停。風光誰領略，春色滿園扃。」李曉樓〈遊大貝湖〉：「風尾大陂冽，東風送暖先。之而鱗得水，搖曳柳含煙。渥澤千家廠，波恩萬頃田。鶯花如可贖，豈吝買山錢。」鄭坤五〈春日遊大貝湖〉：「春入大陂境，朝來景更妍。湧金波浴日，涵碧水浮天名士遊如鯽，佳人望若先。倘教西子比，濃淡各超然。」蔡登山〈大貝湖〉：「駘蕩東風裡。熹爲絢好春。煙消山露影。波動水生鱗。新綠平原漲。嫣紅夾道陳。寄言幽雅客。莫負此芳辰。」林朝鈞〈大貝湖清遊回憶〉：「山姣水麗擬蓬萊。風物工諏勝巧媒。不斷送香荷誘引。頻繁鼓舌鵲招徠。花迎佳客容含笑。柳遇幽人眼乍開。美景天成殊俗格。永教冠蓋似雲來。」

馬念庭〈庚子春遊大貝湖醉後登萬象台〉：「獨步臺前展醉眸，遠山近水景清幽。春風唾面神爲爽，萬綠迎賓翠欲流。寂寂空欄聞鳥語，悠悠白絮起山陬。胸中塊壘幾時盡，萬丈雄心傍客舟。」何揚烈〈張郁亞寄示遊大貝湖詩賦答〉：「南來未泛貝湖煙，爲到清游倍悵燃。水淺弱鱗爭避網，風高零雨每驚弦。波光接岸參差樹，雲氣連山咫尺天。想見羣賢觴咏樂，芳塵瑤席酒如泉。」

張家輝〈武公社長以未得同遊貝湖寄詩爲慨讀竟即步韻答之〉：「未遇人才泛碧烟，瀰瀰無語亦騷然。瓊樓隱約山千笏，畫舸稀疎水一弦。歸漢柔條迎好

世，避風倦羽厭長天。貝湖總比明妃幸，五十年來淚化泉。」雷先春〈遊大貝湖〉：「我愛名湖雨後蒠，風光如畫意無窮。時花嫵媚心花燦，小貝清幽大貝融。塔署忠靈昭漢魄，亭顏萬壽祝元戎。斜暉掛柳舟初定，陡覺愴然在莒中。」

【清水巖】清水巖位於南台灣高雄縣之南，林園鄉屬鳳凰山麓，為一隆起珊瑚礁石灰岩地質，是台灣本島海岸上升明顯的丘陵地形。居於港都高雄市東南方，南臨台灣海峽，東望下淡水溪，環山奇巖美石、仙洞、靈泉等天然景色，為全省之冠。山麓有泉水從石縫湧出，晝夜不停，澄清見底，此即清水巖命名之由來。

【清水寺歷史悠久】

主要景點有清水寺、靈泉寺、龍蟠洞、長壽茄苳、桃源洞、石船、石台灣、唐榮墓等。從巖上遠眺，林園鄉、屏東平原盡在眼中，琉球嶼、大武諸山隱約可見。

清水巖在林園鄉潭頭村山麓有泉從石罅流出，大旱不涸，灌田數百畝，曰「靈泉池」，相傳此水為堪輿家林半仙仗劍喝出，其水澄清，以之烹茶，別饒風味。南麓有一座觀音堂，稱之為「清水巖寺」，創立於清康熙5年（西元1666年）6月15日，奉祀釋迦牟尼及觀世音菩薩，經歷代修葺而成今貌。該寺於94年11月增設一處木棧道，棧道是由清水寺停車場連接長青步道，因狀式高架曲橋，造型特殊，故被稱為「木棧橋」，也成為這裡第三條木棧道，其他兩處木棧道，一處在十八彎挑鹽古道的上半段，另一處在清水巖溪木橋旁的停車場左側。

除此，寺內有一株樹齡約二百年「山茶樹」，山茶樹只有三公尺高，不易長大，極為珍貴，開出粉紅色山茶花，具觀賞價值，不少遊客都專程前來賞花。每期花期約兩個月左右，一般農曆過年是盛開期。附近還有具原始風味「十八彎挑鹽古道」、可享受健康森林浴的「觀音五峰登山步道」、綠樹成蔭的「長青自行車步道」、可容納數百人露營烤肉區的「清水岩童軍營地」，是假日休閒旅遊的好景點。

　　清水巖後方的鳳凰山，是隆起的珊瑚礁獨特景觀，擁有觀音馴鰲、午睡鷗鴾等奇石，造型特殊，區內林木蒼茂，並建有石階小道相連各據點；昔日因海潮侵蝕而成的巨大珊瑚礁洞穴，如今則闢爲桃源洞、念佛洞及龍蟠洞等風景點，其中龍蟠洞長達數百公尺，在漆黑中行走於曲折的洞內，別有樂趣。

　　清水巖登高展望絕佳，可遠眺孤懸外海的小琉球，風景如畫，不論日出、日落都別有一番風韻；而位於高屏溪口龐然的林園石化工業區亦歷歷在目，夜晚時分，熒熒燈火幻化爲一片絢麗的海上城堡，景象壯觀而奇幻。難怪詩人到此一遊都會情不自禁的讚賞吟誦，留下不少的詩作。

　　邱玉欽〈遊清水巖〉：

　　靈巖擅勝好勾留，獨上岧嶤最頂頭。

　　極目天西雲漫漫，蒼茫何處是神州。

這是一首寫景抒情的小詩。邱玉欽曾任林園國小校長，也是林園詩社社員，他寫到清水巖遊賞，在山頂極目眺望時，望見西方漫漫雲彩，不禁生發故國情思。

　　王人英〈春日遊清水巖歸後作〉：

　　一潭清水碧漣漪，傳是半仙法力施。喝水靈巖風景好，春光綺麗繫
　　人思。

記春天遊賞清水巖後，憶起當地綺麗風光，感到懷念、難忘。

【清水寺旁的靈泉舊跡】

　　龔天梓作〈清水巖風光〉三絕，道盡清水岩聞名的清水寺、靈泉、一傘亭良好的展望和珊瑚礁石洞景觀等景致。

其一：「杖藜鳳岫意飄然，幽谷靈泉景物妍。一傘亭中舒望眼，風光萬里裊情煙。」

寫靈泉及一傘亭展望，在一傘亭上可以展望整個林園石化園區及高屏溪流。

其二：「裙屐聯翩快似仙，靈泉古刹景超然。武陵船與龍蟠洞，好共風光入錦箋。」

寫清水寺、靈泉及珊瑚礁石洞景觀，其中「龍蟠洞」，據說是日據時軍需品儲藏倉庫，蜿蜒數里，凡到當地旅客，必會遊洞一窺究竟。

其三：「清水靈巖景色妍，聯翩鷗鷺意怡然。風光萬里煙波渺，興逸競將入錦箋。」

總寫清水巖及山頂展望之美景，並指出處處都是吟誦的最佳題材。

其他相關的詩人詩作有雷祥〈遊清水巖〉：「清水幽岩聳古杉，春光明媚燕呢喃。層巒疊翠山花放，策杖優遊興不凡。」張連蒲〈遊清水巖〉：「清水巖頭介壽亭，奇峰矗立石鍾靈。山攬鳳鼻苔痕碧，田播春秧野色青。座帳重修新世界，叢生幽僻舊模型。滄桑劫後東風到，禪室依然俎豆香。」王隆遜〈清水岩覽勝〉：「遨遊何異虎溪過，寺古泉清勝蹟多，爽滌塵襟亭一傘，禪參般若地三摩，煙波浩渺琉球嶼，雲樹微茫大武阿，蘿薜簪纓知盡幻，不如此處日婆娑。」

【高屏溪林園工業區出海口】

【高屏溪】高屏溪舊名下淡水溪，簡稱「淡溪」，全長一百七十一公里，流域面積三千二百五十六餘平方公里，是台灣第二長河，也是流域面積第一的河流；兩大支流荖濃溪與楠梓仙溪，各自發源於玉山北麓及西南麓，隔著玉山山脈由東北向西南並排而流，楠梓仙溪向南流經南投、嘉義、高雄等縣，右方的荖濃溪則向南流經高雄縣桃源、六龜、美濃，兩溪於旗山嶺口一帶匯流後，始成為氣勢宏偉的高屏溪。

高屏溪自旗山到林園工業區出海，正好是高雄縣與屏東縣分隔，因此得名。高屏溪流經高屏縣市共24鄉鎮，上游流經高雄縣三民鄉、甲仙鄉、杉林鄉、旗山鎮的楠梓仙溪（旗山溪）；經過高雄縣桃源、六龜、美濃的荖濃溪；然後流經高雄縣茂林鄉的濁口溪；以及屏東縣霧台的隘寮溪，再流至嶺口匯集。

高屏溪水滋潤沿岸的大地，不管是汲水取用，灌溉田園或供工業生產都不愧是南台灣住民的生命之河，孕育出原住民、客家、福佬及外省文化。

「淡溪秋月」曾入選高縣八景，騷人墨客多有吟誦。

陳皆興〈淡溪秋月〉：

我愛淡溪月，清輝自不同；秋光明遠浦，皓影掛長空。

一鏡天垂鍊，雙橋波臥紅；臨流頻寄慨，治績愧曹公。

這是一首藉景抒情的秋思之作。首聯點月（起），頷聯寫秋（承），頸聯寫溪景（轉），尾聯寄慨（合）。全詩先寫淡溪秋月景致之美好，臨流時筆鋒一轉，說自己身為縣長，政績卻不如開鑿曹公圳的曹謹，可見詩人縣長以民生為念的胸懷。本詩文字簡練，對偶工整，結構嚴密，寫景抒情都恰到好處。

林欽貴〈淡溪觀魚〉：

淡水波光麗，觀魚泛小舠。溪清窺可數，風拂亂成淘。

游鯉情何逸，揚鬐氣亦豪。化龍知有日，待躍禹門高。

俗稱下淡水溪的高屏溪，早年溪水清澈，坐在小船或竹筏上，可清楚看到游魚，實是一大樂事。特別是天然鯉魚，孕育悠游其中，蔚為奇景，這是地理師所說的「鯉魚活穴」，照道教說法，神明威靈必佔鯉穴之靈氣而顯赫。詩末採擷道教典故「九鯉化龍」「鯉躍龍門」，以說明淡溪所在靈鍾毓秀之意（暗指高屏溪是高雄地區的生命之河）。

其他相關詩人詩作有龔天梓〈淡溪冬望〉：「淡溪寄跡酒盈觴，凝日煙波興欲狂。不畏嚴寒無限感，歸來詩料滿奚囊。」姚玄弼〈淡溪秋月〉：「水落清溪涸，天香雲外飄。一輪秋皎潔，兩屐夜逍遙。拄仗尋蘆浦，寒衣過板橋。四民稱樂業。小試惜牛刀。」孫志雄〈淡溪觀魚〉：「淡水登舟望，游來萬鯉舠。浮沉非與世，進退可興濤。莊惠爭難解，鯤鵬抱更高。逆流魚上達，君子意何採。」呂雲騰〈淡溪觀魚〉：「淡水溪邊立，群鱗鬧鼓滔。太公竿釣渭，莊子筆游濠。躍鯉情何逸，思驢興更高。放眼斜陽外，鯤洋走巨鰲。」

三、特殊詩作：地方災難及宗教詩

台灣地區多天災，如地震、颱風、土石流造成人民重大傷害，詩人痌瘝在抱，視民如傷，發為災難詩作，表現出傳統知識份子關懷社會的襟懷。由於災害多，為祈求風調雨順，民間信仰盛行，加上戰後高雄地區詩社多與廟會結合，許多宗教詩也應運而生。

另外，本文也選刊一些禪詩，這類禪詩都以修心養性為主，風格相似。

（一）災難

雷祥〈哀九二一〉（1999 年集集大地震）：

蓬萊己卯九月秋，肅殺商聲驚地牛。廿一凌晨濁水沸，橋坍路塌震
不休。災黎死傷千萬數，屍骸如山血成流。哭泣遍野心悚懼，喚母
呼兒籲天麻。南投城鄉多災難，中寮農舍樑柱斷。集集全境不安寧，
民居崩離人畜散。埔里高樓應聲傾，劫後餘生慌而亂。死寂一片暗
竹山，國姓莊中果菜爛。北山猝塌谷壑平，廿四住戶隨土坑。水鹿
成群皆陪葬，酒廠轟然折圓營。名間屋倒水田毀，嗷嗷災民暫棲棚。
台中縣民更悽涼，東勢王朝土中藏。六十五戶成鬼域，倖存父子楊
氏郎。豐原成排巨廈倒，大里樓圯越猖狂。四十餘人活填土，神祐
宏童脫災傷。省府官廨今全廢，林宅古蹟亦荒穢。台中新港處處殘，
橫貫公路柔腸碎。市區大樓傾德昌，全垮屋宇三千內。驚魂甫定餘
震生，市場危攤難應對。彰化雲林禍不免，苗竹穀倉破不淺。雲林
草嶺歹運連，山頹溪塞潭作繭。一旦堤崩急流沖，住戶水淹命殘喘。
震魔無能撼老店，百年建築未受創。黍離之歌雖失唱，重建家園莫
徬徨。樂土霎時成煉獄，當記教訓保安康。北風凜冽將凍餒，哀哀
災黎苦難當。選戰囂塵民瘼忘，喧呼邦治豈能彰。

〈哀九二一〉是一首描繪震災的長篇社會史詩。文字捨去影射的象徵筆墨，
詩人以白描手法鋪寫台灣人經歷百年罕見震災慘痛。這首詩以 1999 年秋季集
集發生的大地震敘起，從南投、彰化、雲林、台中縣市、一直到苗竹北，不
是災黎死傷千萬數，就是住戶水淹命殘喘，終結於「哀哀災黎苦難當」。詩作
以長篇方式，敘事簡潔完整，轉韻靈活，是高雄傳統寫實詩的翹楚。

九二一災變後，各界賑災、捐款，紛至沓來，國人發揮同胞之愛，幫助
災民重建家園，這些都織入高雄地區詩人的詩歌裡，如

呂雲騰〈響應九二一震災救濟活動〉：

強震中台慘事新，瞬間浩劫值秋晨。樓傾地裂人遭禍，物助財捐眾
體仁。籌策官員心最急，救災善士手同伸。家園協力齊重建，枯木
能看又再春。

首聯寫強震發生的時間地點，頷聯記震災慘況及各界伸援手救濟，頸聯續寫
官員救災心情，尾聯持肯定語氣，並期許官民合作，必能重建家園。

呂雲騰另有〈震災感賦〉詩：

震災屋倒死傷瀕，救急如今勝救貧。堪慰人人伸援手，憂心真可感天神。

描寫各界齊心同力救災，誠意感人。可見詩人視民如親，悲天憫人之情懷。

其它相關的詩人詩作有周子豐〈九二一集集大地震災區重建〉：「劇震撼崔嵬，無情降巨災。死商盈曠野，村舍毀塵埃。當局籌興建，同胞救助來。齊心兼戮力，新運慶重開。」

除了震災，以下為颱風、水災以及土石流的詩作，這些詩寫出社會受災的慘況，因此都是具有現實意義的社會詩。

寫水災，如

陳啟賢〈水災〉：

陸地行舟實可哀，造林築壩費心栽。傾盆雨勢山洪瀉，拍岸風威海浪來。土石奔流傷穀物，街衢塌陷毀樓臺。安居失處惶惶感，人畜何堪再受災。

寫風災、土石流，如

曾人口〈中秋遇颱〉：

中秋節屆起狂飆，搖落江山感寂寥。心事既無明月託，吟詩品茗渡良宵。

汪德畯〈中秋遇颱〉：

佳節中秋興本饒，何期艾貝起狂飆。陰霾八表雲遮月，不見嫦娥下九宵。

林欽貴〈山洪〉：

賀伯風災觸目愁，洶洶洪水下高丘。驚天捲石橫天落，暴雨摧林逐水流。鄉鎮頓時成澤國，君民協力拯哀儔。有司應作綢繆計，禁墾山坡策遠籌。

（二）宗教

戰後台灣詩社活動多與廟會結合。本節宗教詩的介紹除了少數具詩趣的詠史詩歌外，其餘大都是慶賀詩及禪詩，這類詩藝術價值不高，顯示傳統詩發展到此，已走入跛蹩末途。以下分三類詩作來說明。

1、詠史託志：藉緬懷古人古事，寄託心跡。

如許成章〈春日謁韓文公廟〉：

禮失誰知野尚存，東風內埔訪孤村。起衰八代延文命，衛道千秋救國魂。先聖先賢承正統，異端異教斥群言。焄蒿悽愴如猶見，足證眞儒世所尊。

〈冬日謁寧靖王祠〉：

竹滬閒經過，荒祠近寢陵。時危臣失節，局老士無能。

草樹飄枝葉，河山凜虎冰。回風寒澈骨，欲滅殿前燈。

這兩首都是詠史、緬懷古人的詩作。前篇寫唐代大儒韓愈衛儒斥佛之舉；後篇詠明末殉王寧靖王忠貞守節。昔日英雄衛道守節，力挽狂瀾，但獨木難支，處境難免淒涼悲壯。對照許成章提倡古風，極力反對當時詩壇擊缽套公式的風氣，可以感受到作者藉史寄託心志，維護傳統詩學於不墜的情懷。

2、應時慶賀：以佛神誕辰，或廟宇建築落成為題，多祈求、頌慶及勸善為主。

慶佛神誕辰如鄭清泉〈德林寺觀音佛祖誕辰誌慶〉；「德林寶刹映朝陽，來結禪緣俗慮忘。護國觀音消浩劫，佑民佛祖顯靈光。壽山法雨三臺澤，龜嶺慈雲五彩祥。大士誕辰隆慶典，指迷挨覺渡梯航。」吳芳原〈恭祝關聖帝君聖誕〉：「宮稱南聖聳堂皇，卅六年經史蹟芳。帝德巍峨謳帝壽，神思浩蕩頌神光。扶劉節義千秋仰，復漢忠貞萬世揚。濟濟衣冠參盛典，鐘聲缽韻頌無疆。」

寫廟宇建築落成的，如林本源〈警善鐘〉（誌紫修殿警善堂落成）：

殿前高處萬鈞呼，一杵鏗鏘震五湖。頂唇禪音開覺路，泥山柳筆勸迷途。消彌世界狂瀾靜，喚醒人寰正氣蘇。警善鐘鳴傳逸韻，紫修果結菩提林。

另有李玉林〈納骨塔〉一首，寫納骨塔建築美及其功能，題材難得。

八角簷牙結構工，嵌金刻畫映玲瓏。別開財路新行業，附和舞倫舊雅風。白骨依歸終有所，幽靈解脫盡全供。先人德澤猶追憶，孝思長存寶塔中。

3、禪詩：民俗性大於文學性，以修心養性為主，詩作寓含哲理，格調雷同。

如林鳳珠〈佛燈〉：

明開覺路自莊嚴，一盞青燈隔俗凡。悟得不生還不滅，熒煌影下七情芟。

寫學佛當須修心養性，捨除七情六慾。

張彬彬〈參禪〉：

名利無爭學出家，高官厚祿漫相誇。蒲團靜坐禪機悟，何必持披缽與裟。

曾翠柳〈佛心〉：

無邪方寸在，返璞即如來。念不紅塵染，思能善果栽。慈悲航欲渡，惻隱網全開。六欲難侵入，清明玉境台。

以上兩首寫靜坐參禪在養心，不必刻意形式。

其他相關詩人詩作如雷祥〈元亨寺聽經〉：「策杖壽山巔，元亨寺學禪。晨鐘宏佛法，夜磬醒塵緣。積善心常樂爲非意自慚。聞經澄俗慮，頂禮撰香前。」蘇柳汀〈超峰寺談禪〉：「超峰古刹鬧岡巒，我佛莊嚴寶界寬。說法談玄開覺路，看經入定坐蒲團。深機妙旨知非易，見性明心悟亦難。面壁休辭修行苦，閉關長伴一燈寒。」

結　語

從戰後高雄地區傳統詩作主題的調查分析整理後發現，高雄地區騷壇的創作延續中國傳統詩的主題模式，仍然圍繞在紀物寫景、感慨抒懷及敘事詠史的格局之中。但在此一格局中，值得一提的是，高雄地區站在自然地理環境之上，除了因循傳統詩的主題格局之外，也逐漸發展出屬於自己的面相。愛河、壽山及澄清湖即爲代表。其次。我們從該地區詩人詩集篇次中可以發現，擊缽聯吟、應制詩大幅增加，而且多爲輕盈短小的律絕體，少見閒詠詩及歌行古體的長篇大作，此外，高雄是二二八事件政治風暴中心，但形諸詩歌者少，抗議精神消失。整體而言，戰後高雄地區傳統詩作主題因循多而開拓少。

就詩作的發展現況而言，戰後高雄地區傳統詩作爲配合政令書寫的應制詩爲數不少，這些詩雖然爲傳統詩帶來具有生存意義的微細空間，可是卻也使得傳統詩產生走入下坡的質變，抒情諷喻的好詩愈來愈少，即使出現一些稍具社會意義的詩歌，也只是流於表面的詠嘆，並未深入。

　　再談詩社的走向，戰後高雄地方詩社多與廟會結合〔註6〕，一來詩社成員
的學經歷不高，幾乎是台灣庶民結構的縮影；因詩社的存在不是建立在現代
學術之上，而像是鄉土廟會的類型。二來廟方提供經費辦活動，所以各地傳
統詩的聯吟大會很多都由廟團承辦，配合廟慶節日進行，逐漸使得傳統詩會
變成廟會祭祀活動中的一環，影響所及，許多詩人爲廟務書寫廟聯，拓字及
神明祝壽詩，鞠躬盡瘁。有些詩人生活潦倒，則以寄居寺廟爲生，這些情形
造成傳統詩與宗教祭祀更加緊密結合一起。這種現象在台灣各地的傳統詩活
動皆如出一轍〔註7〕，成爲戰後台灣傳統詩壇的一大特色。

〔註 6〕　如「高雄詩人聯誼會」與「高雄文化院玄華山」辦理天壇落成三週年慶、「林
　　　　園詩社」與「清水寺管委會」合辦建寺卅五週年慶等、「旗峰詩社」與「行天
　　　　宮」辦謎學及聯吟活動等。
〔註 7〕　參見江寶釵《嘉義地區古典文學發展史》頁 377，嘉義市立文化中心，1998
　　　　年 6 月。

第六章 戰後高雄地區傳統詩現代化之探討與策略

一、戰後傳統詩的困境與挑戰

　　隨著現代化腳步的變化，傳統詩人的聲音越來越沈寂了。詩在社會中本來就是小眾的活動，傳統詩社更有「門前冷落車馬稀」的趨勢，老成凋謝，碩果僅存者又已是「年高德劭」，身後沒有傳人。「現在年輕一代都不寫詩了」，許多老詩人同聲感嘆。不說別人，他們自己的兒女都很少接觸詩，「作詩不會賺錢沒有用，生活打拼比較重要」，曾任「台北詩人聯吟會」的執行長蔡秋金道出大家的心聲〔註1〕。作詩是閒時的趣味，如今大家都為生活奔忙，沒有那個閒情逸致了。

　　影響所及，有關傳統詩的期刊雜誌紛紛停刊，傳統詩社詩逐漸沒落，詩風只餘一些脈博在跳動〔註2〕，而閱讀群居多的報紙副刊接著的全面撤

〔註1〕蔡秋金語，參見劉蘊芳〈老詩人獨向黃昏？——傳統詩社今與昔〉頁40，台灣光華雜誌，1996年3月。

〔註2〕目前所知，台灣僅存傳統詩發表的雜誌僅剩四家：《中華詩學》，中華詩學雜誌社1969.06創刊，季刊。此係中華學術院詩學研究所之刊物，作者以所謂外省人為主。《古典詩刊》，中華民國古典詩研究社1990.01創刊，月刊。作者以所謂外省人為主。《乾坤詩刊》，乾坤詩刊雜誌社1997.01創刊，季刊。此刊兼錄現代詩與古典詩。《中華詩壇》，中華民國傳統詩學會2002.01創刊，雙月刊。此刊主要是台灣各地詩壇擊缽詩之發表刊物。以上四種詩刊目前仍在發行，而且可在國家圖書館借閱全部各期詩刊。前兩種並且在國家圖書館期刊室開架閱覽。

退，只剩下報份極低的台灣新生報「新生詩苑」〔註 3〕唱獨角戲，而 2001年 1 月，新生報走向完全民營化後，也宣告壽終正寢，傳統詩在現代化的潮流中所面臨的困境與挑戰日益嚴峻，傳統詩日見漸乏人問津，一步步地走向夕陽。

探究傳統詩社、詩風今衰昔盛的原因，綜合前人說法〔註4〕，昔日興盛之因在：

（一）為繼承絕學：日本時代詩社多，導自日本推動日語，不看重漢文，士子基於保存漢文之責任感使然。

（二）情感之抒發：亡國之鬱悶、悲憤之心情藉此宣洩，去國懷鄉下亦可彼此聯絡感情。

（三）有心人倡導：當時有領袖發起，多人唱和，不乏附庸風雅之士。

吾人若細究之，因素頗多，其中詩人之參與應該也雜揉多項內外在成分。主要的外在因素是日本對漢詩學持從寬態度，而內因則為台人重視教育，詩人欲重振文風之故。

如今老成凋零後，首先，**詩社所面臨的問題是繼承者難找**〔註5〕，戰後初期新生一代受日本教育，國學基礎弱，以謀生為主，無暇心思創作等現實因素，故詩社自然衰弱。

第二施政者表面鼓吹，並未落實，配套不夠，學校不重視。台灣光復後推行文化復興運動，詩社如雨後春筍般冒出，一度有興旺之趨勢，但施政者只口頭表面鼓吹，並未落實，如配套不夠，學校不重視也不教導如何寫詩？此詩歌文化自然衰微，且對生活就業無助益，詩社自然萎縮不振。

再者，受西方文化影響，只重數學、物理等科目，而不重視國文，以致有「只會作詩，會去橋邊討食」的說法，想學的興趣就缺缺了。

〔註 3〕早期報紙傳統詩刊有新生報之新生詩苑、自立晚報之自立詩壇及大華晚報之瀛海同聲。

〔註 4〕參見邱春美《六堆客家古典文學研究》頁 30～32，輔仁大學中國文學研究所博士論文 2005 年 1 月。江寶釵《嘉義地區古典文學發展史》頁 394，嘉義市立文化中心，1998 年 6 月。及龔天梓〈對舊體詩的幾點感觸〉收錄於《亮宇詩文集》頁 205～207，山林出版社，2000 年 11 月。

〔註 5〕傳統詩學會理事莫月娥在 2001 年 3 月 8 日於國家圖書館「傳統詩社面臨挑戰」座談會指出，當年詩學會在現今總統府舉辦詩會，參與者多達千人，而現在加入傳統詩學會者卻只約幾百人。

第三、詩社組織係志願組合，經費不易取得。沒有經費來源，成員無法經常聯繫交往，興廢時有所聞。

第四、作詩頗費神，講究用典。作詩需不斷絞盡腦汁地推敲，是相當耗精神的，恐勞神而傷身，故年紀一大多以清閒過活為主而不喜從事此道。

第五、過度重視輩份，壁壘分明。國內傳統詩壇過於重視輩份，不能主動獎掖後進，年輕一輩缺乏向心力，故參與性不高。

第六、今人國學根基不厚實。現代人不好涉獵中國古書，古人基礎少，又無人提倡指導，詩文社的發展在這些因素使然下，自然欲振乏力。

第七，傳統詩人自我邊緣化。1985 年 4 月，《文訊》雜誌社曾舉辦「傳統詩社的過去現在與未來」專題，寄出 65 份，只回收 28 份，而全台目前定期活動的傳統詩社僅只於 20 多個，1997 年 5 月，江寶釵問卷調查嘉義地區傳統詩社活動現況時，發出 200 份，回收 40 份，多數詩人拒絕回答任何問題，並且排斥用北京話交談，從中可看出傳統詩人自我封閉的現象。

第八，聯吟大會及社課舉辦方式流於形式，且弊端叢生。江寶釵的調查研究指出〔註6〕，傳統詩聯吟會特重宴集，忽略詩歌創作，本末倒置。在詩歌評比方面，首唱徵選往往冒名頂替，次唱考評又欠缺公平，揭賞的過程從未針對詩作講評，讓參加評賞的人常有微詞。此外，詩會所做的擊缽詩，因為題目有限定，大家又常帶著參考書東拼西湊，因此「作成的詩有時長得像兄弟同款模樣，差不多是同一個聲音」，有人批評說。

更甚者，詩的題目常是婚喪喜慶、送往迎來的應酬詩，甚至政治意味濃厚的時事性題目。鹿港老詩人許志呈說，「做詩是要寄意，現在的課題動不動就是慶祝建國八十週年，或是王母娘娘生日，這哪裡是詩？」這些對詩社的發展是相當不利的，加上傳統詩的內容在現代化浪潮衝擊下，詩風不斷地民俗、遊戲而膚淺化，閱讀群眾愈來愈有限。

最不容忽視的因素是文體本身的自然凋敝。因「五四」白話文運動影響整體語言與社會環境至鉅，物極必反結果，格律詩窮而為白話詩，似乎較貼近大眾，能隨心所欲地「我手寫我口」。因此，在一般作家、學子都認為寫文章較具自由意識，就時間效益言可速成，而詩太含蓄，非即日可完成的心態下，寫詩的人自然愈來愈少了。

〔註6〕參見江寶釵《嘉義地區古典文學發展史》頁 378，嘉義市立文化中心，1998年 6 月。

概言之，由於傳統文化的衝擊與學子心態的制約等內在因素及客觀之外在因素，都是現今傳統詩運衰弱不振的主因。

二、傳統詩現代化的策略

在提振傳統詩現代化的策略上，有人建議上網路，問題是上網路看的人少，誰還有興趣花時間貼稿呢？如果把古詩帶進生活呢？簡錦松所主持的「高雄市傳統詩學研究會」，在傳統詩社以及學院之外開出一條路來。他們所開的課程有詩詞欣賞班、哲學班、台灣歷史，「目的不在學會作詩，而是至少能喜歡詩，懂得生活趣味。」

他們也推廣傳統詩的生活化，例如從蘇東坡的詩中歸納出煮茶的十個步驟，從碾碎茶葉開始：「碎身粉骨方餘味」，到煎水時看到水泡一串串的升上來：「魚眼長隨蟹眼來」，最後大功告成「色香味觸映根來」。

學會還舉辦小詩人會考，仿照古時的科舉，設立考棚，請每個小詩人當場做一首絕句，再配上插圖。詩學會也曾在高雄的西子灣立起唐時軍營的佈陣，在其中點起火把，煮茶聽詩，甚至舉辦古代足球大賽，吸引許多家庭參加，不失為間接推廣詩學的方法。

簡錦松賣力推廣兒童傳統詩，恢復唐宋許多傳統的遊戲雅事，很能吸引媒體的注意與報導，嚐試作這樣的結合，不外乎台灣的傳統詩後繼有人。

對於傳統詩之振衰起弊，不少有識之士也紛紛提出個人看法或呼籲，如陳城富〔註7〕認為，今為適應時代，他主張傳統詩的現代化，曾提出三點看法：**（一）遵守傳統的格律與壓韻。（二）用字遣詞宜淺易。（三）表達清新意象，忌過份抽象。**

何武公〔註8〕為詩壇之健手，研究詩學、傳播詩教，深體詩學革命之旨，他在《瀛洲詩選》第二集序中，提出詩學革命要旨有6項：

1、保存近體詩格式。

2、內容力求時代化。

3、文字力求口語化。

〔註7〕 陳城富（1930～）美和護專副教授退休，屏東傳統詩人，著有城春詩草集十一冊，此說見於城春詩草集詩序。

〔註8〕 何武公，生卒年不詳，大陸來台傳統詩人，著有《枕髑髏齋詩集》。

4、避免堆砌艱澀。

5、少用古字古辭。

6、改用現代音。

如何力挽傳統詩狂瀾於既倒？簡錦松以社教或是民俗才藝的保存觀點來看傳統詩社，認為雖然現在問題重重，但如果能恢復或重建與當地居民的互動關係，詩社仍有可能成為連結傳統文化和現代台灣文化的重要臍帶。

> 詩社是昔日重要的文化社團，台灣人民對詩詞文化的需求也一直沒有
> 衰減，這股力量是台灣本土文化和東亞大陸文明共同的潮流。〔註9〕

簡錦松曾進行一項為期三年，由國科會贊助的「台灣傳統型詩社現代化能力之研究」，先以田野調查的方式走訪台灣各詩社，做口述歷史，然後進一步探討引導詩社走上現代化社團，成為社區文化一環的可能性，「讓台灣人民發現祖先的榮譽，找到一種切合自己需要的文化認同。」

但是目前的詩壇現狀呢？「大家都覺得自己的詩最好，別人的不值一提，」觀察各地詩社，都普遍存在「文人相輕」的現象，有如鹿港「文開詩社」老詩人許志呈，在他的〈騷壇現形記〉詩中所寫的：

> 他人愛妄自家詩，畢竟平凡當絕奇，癌症由來醫不得，騷壇此症更
> 難醫。

任教於中山大學的簡錦松對此也提供若干建設性的意見如下：

1、詩社組織年輕化、制度化、大量延聘中文系畢業，對傳統詩有興趣的青年加入詩社行列。

2、詩社應與中文系結合，借重其學術訓練，提昇詩社素質。

3、詩社要能捨棄擊缽吟，加強與地社教機構結合，舉辦詩歌講座，由資深社員及擅作演說年輕社員擔任講解，推廣市鎮鄉里，較容易獲得廣大的支持。

4、建立嚴格公正的詩評制度，使真正的人才能脫穎而出。

江寶釵則認為除了上述觀點之外，最重要的課題應是思索如何縮短傳統詩與現社會的距離，如何讓傳統詩融入現代社會，成為現代人生活的一部分，並思考如何協助傳統詩社建立其活動的場域，否則傳統詩社即使與學院結

〔註9〕 簡錦松此語，收錄於劉蘊芳〈老詩人獨向黃昏？——傳統詩社今與昔〉《台灣光華雜誌》頁 40，1996 年 3 月。

合，它的讀者仍是極些微的小眾，仍然只是客廳魚缸裡的金魚，這就是在建構傳統詩學現代化時所必須深思的問題。

展望未來，簡錦松認爲台灣的傳統詩運動，主要有三條路線可行〔註10〕：

第一是台灣傳統型態及其衍生的社團爲主的詩壇。

第二是以各大學中文系爲主的教學與創作系統。

第三是高雄市古典詩學研究會所推出的新模式。

筆者則認爲，不管傳統詩未來走向如何，在「常與變」中權衡時，應體認凡事「窮則變、變則通、通則久」的道理，因此傳統詩若能隨時代不間斷的學習與適應，就不會消失。因此，筆者不揣愚陋，擬對區域傳統詩現代化發展原則提出下列幾點芻見：

1、多向中國傳統詩及民歌學習

劉勰《文心雕龍‧時序》篇裡說：「時運交移，質文代變」、「歌謠文理，與世推移」，可知文學內容或形式必定逐漸繼承部分前代營養爲基礎而轉化爲另一新生命。由於詩的形式非一成不變的，將來不論詩的風貌如何演變與發展？不容諱言的，在創作方面，台灣傳統詩都要向民歌及中國傳統詩歌學習，換言之，吸收古詩精華和採集民間歌謠仍爲文士創作之重要管道。

2、多方探索而求形式之創新

讀者的需要是多樣化的，單一的詩體顯然難以滿足大眾之不同需要，不僅形式如此，主題亦然，詩是要走向大眾的，經群眾之品評鑑賞而追求模仿以致流行，在與大眾之交流中，進而達到表現情感或提昇心靈等功能，因此如何就寫作形式多方探索並求創新，與時俱進，是傳統詩發展可長可久的重要關鍵。

3、詩作前應標示序言及時間

賞析詩作（特別是前人作品），讀者各有不同之視角，然而個人之悟境畢竟有限，其欣賞角度是否接近原詩意境及作者之心境，往往見仁見智，甚或造成曲解，若詩作前有寫作緣起、相關事件等原委之說明，將來事過境遷、物換星移，作品也較不致爲人曲解，自來「詩無達詁」，作品若要爲讀者所接受，仍須有此舉爲宜〔註11〕。

〔註10〕簡錦松〈一九九四年台灣傳統詩社現況之調查〉收錄於《文訊》第66期，頁17，1994年6月。

〔註11〕如簡錦松《錦松詩稿》及蕭超群（颯）的傳統詩作都有做這樣的解說，可資借鏡。

4、內容應兼顧多面向。

　　新文學運動者批評傳統文學之「太過重視文字技巧，而喪失了思想內容」。好的作品應有能宣洩自己遭遇、抒發他人之共同情感、以及天地間一切人事景物之哲理等，所以當有細微之描繪，亦有廣闊之展望，無所不包，就創作的理想目標來說，兼顧各種面向，才能多采多姿。

結　語

　　國民政府遷台之後，生活型態和教育型態日益改變，學校取代了詩社和私塾；國語取代了原本較接近古音古韻的閩南語客家語；繁忙的工商社會取代了步調較悠閒的農業社會，導致傳統詩風逐漸走向衰微。尤其是在當今社會中，文學創作本已是日趨小眾的活動，傳統詩則更是小眾中的小眾，各地的詩社成員幾乎都有青黃不接的現象，詩作的品質也有走下坡的憂慮。但是，無疑的，傳統詩社仍是台灣民間為數最多的文學社團，吟詩寫詩的活動仍然經常在舉行，傳統詩作者與作品的數目仍然遠超乎一般人的想像，只是傳統詩社往往缺乏媒體傳播的觀念和管道，也較欠缺新時代行銷推展的理念，所以無怪乎一般大眾對傳統詩社了解認識甚少。

　　回顧當年成立詩文社之重要，其對中原文化保存之有功，對民族思想之鼓動有益外，間接對書法之推廣亦有助力等。如「林園詩社」中的龔天梓、「壽峰詩社」的陳自軒等人的書法甚佳，除私人索求外，寺廟、橋亭等各公共場所之柱聯、楹聯亦常見其手筆，可謂影響社會深且鉅。

　　要之，吾人認為對傳統詩運發展，不論老、中、輕各年齡層皆需努力以赴，各以所長貢獻心力；除詩人本身努力外，詩社之經營運作宜朝現代化發展，舉辦各式活動、發行刊物並集結出版等邁進；有關當局對至今不論新舊詩社仍存在者均須予重視、輔導；已不存者能復社則復社，不能亦無法強為，須有天時、地利、人和各方配合。但當務之急，誠如「旗峰詩社」曾景釗社長所言「傳統詩之未來須往國小紮根，先以吟詩或背詩為基礎。」因為年輕一代之漢學基礎確實需加強及培養出興趣，始得薪火傳承。

第七章　結　論

　　拙論內容素材力求豐富，探索之研究主題分類亦求完整，但是論述中不免有幼稚不成熟、粗糙不細緻的缺失，相信這個領域的開拓，研究的模式等，仍有開發的價值。綜言之，本「戰後高雄地區傳統詩研究」以題材分類為主，標舉地方情事、地方物景及特殊詩作（以地方災難及宗教為主）等三大項作分類範疇，不僅就高雄地區人文主題特色而分析其實質內涵，此區域寫作內容及風貌自然呈現儒家思想的精神。

　　由於文學現象的存立，必須有創作者（Author）、作品（Book）、鑑賞者（Reader）三要素，故我除了以單一作家作論述分類，也打散以各作家作品之表現內容為分類，並儘量收集當代作家詩作，使「野無遺賢」，這也是我撰寫地區區域文學的最大初衷。並藉此或深或淺反映戰後高雄地區詩壇對自然、社會、他人與自我之基本關係。從中探討當時寫作慣用表達方式、接受前人觀點或視野之情況，以窺其內在流動規律。

一、研究成果

　　此論文整理戰後高雄地區傳統詩等「作品」，多數是尚未受世人矚目或出版之作，因作家大都未聲名顯赫，然在當地或地位頗具聲勢，或作品能自成一體；內容雖乏可歌可泣之作，然繽紛自在，時能迸發小火花，亦是一喜；而至今所發掘高雄詩人之完整「詩論」「文論」等主張者，也只有「許成章」一家，凡此皆亟待發掘與梳理。雖然未直接窺見各家詩作理論，但由本文提供具體作品之呈現與分析，仍可推知彼時普遍而統一之詩學觀，大都不重格律形式之鑽研，而重在實際生活之詠懷為主。

個人認為此論文之研究成果期許能達到「戰後高雄地區傳統詩的面貌與風格」，以證戰後高雄地區詩學在「台灣傳統文學」中有不可或缺的地位，而由作品中也可知高雄地區傳統詩與「中國傳統詩學」間曾有之緊密互動關係。基於此，現將本論文產生之具體成果說明如下：

　　（一）、調查與研究分析存於民間耆老的資料。

　　（二）、探究重要詩人詩作特色，並掌握其成就。

　　（三）、徵驗文獻之不足及校誌書之誤。

　　（四）、提出詩作研究之分類方向。

　　（五）、特殊詩人與詩作之論述。

二、研究價值

　　如細究本論文中的傳統詩歌作品，皆具有文學藝術與社會文化的價值，茲分述如下：

（一）文學藝術之價值

1、「詩如其人」的文學現象

　　自古詩家、才華之文士，其詩作可以反映個人的生活及思想。戰後詩人如王天賞、許成章、陳皆興、呂自揚、胡巨川、劉福麟、龔天梓等皆為純正仁厚之士，功成名就後或投身政教、文獻及出版等各行業，亦常從事公益服務以照顧時人、培植後進皆不遺餘力，對當地鄉里或社會貢獻大，對時人影響深遠。

2、亦雅亦俗之生活寫照

　　中國文化大致分為兩種，一是情趣色調上較淡的雅文化，一為情趣色調上較濃的俗文化；簡言之，雅文化是文人文化、士大夫文化，俗文化是平民文化、大眾文化。綜觀戰後高雄地區傳統詩作品，不論言情、寫景、記事等，大抵以反映「現實生活」或表現其「思想情感」為主，內容關照當時當地之鄉土意識，也能鎔鑄新思想、及新名詞等入詩，有關民生、同情社會疾苦之作，多為所見所聞所思所唱之產物，寫下不少成功之佳作，可說亦俗亦雅，雅俗皆宜。此外，戰後高雄地區傳統詩人之宗教情懷亦經常融入作品中，除了具有教化作用外，透過詩歌藝術也豐盈人生、深入人心。

3、詩作與地區民歌之交融

自古以來，民間文學為傳統詩學吸收者多，各地皆是如此，如民間牛郎織女雙星鵲橋相會的故事，廣為詩人傳誦而有如〈七夕〉之類的作品誕生。戰後高雄地區傳統詩發展仍以中原文化為主，然結合地方風俗民情亦甚具特色，高雄地區部分詩人如林鳳珠、胡巨川兼寫高雄小調及竹枝詞，也向民歌學習，可見以本土大眾為書寫方向是值得嘗試的。

4、用韻寬鬆與文字現代化

隨著時代的改變，詩的語言及韻律也產生變化。綜觀戰後高雄地區大部分詩作題材擴大，詩的語言時代化，所用的韻目較寬，而呈現豐富的寫實風貌，其因自與時代、文體之推衍有關之外，因迭有新事物、新字詞出現，或因思突破傳統藩籬等因素所致。

（二）社會文化之價值

1、推展地方文風

本論文之素材，除走訪高雄地區進行田調外，幸得高縣文化局提供陳皆興生前監修之《高雄縣志稿——藝文誌》、諸多鄉賢保存且願提供個人詩作文獻集，以及詩社提供如《擊缽詩集》，《週年紀念詩集》等書目研究，使地方文風得以發揚。當局於重視整理文化遺產時，實不容小覷這些文學作品。而「台灣文學館」之有關部門，應將類此之文化功能予以保存及強化。

2、發揚社教功能

昔時高雄地區重視文教，地方仕紳、社會賢達，取之於社會，對社會之回饋亦多，常具鼓舞後進向學之功；戰後初期有王天賞主持成立的「王振生翁文教慈善基金會」，出錢出力舉辦詩學活動，至黃金川所屬的「陳啓清先生慈善基金會」及「陳中和文教基金會」發動學者編撰《高雄歷史與文化》專輯多冊，今日則有簡錦松創設的「高雄市古典詩學文教基金會」辦理歷史詩文風華重現活動等等，不僅能反映社會，引領時代風潮，對戰後高雄地區詩學風氣提昇、維護與宣揚著有功效。

3、保存地方文史

文學藝術作品除了文學本身之價值外，部分詩學作品亦可視為研究社會及歷史的資訊。例如本論文所引用之《高雄市詩人協會十（二十）週年紀念

詩集》、《高雄市詩人協會擊缽詩集》及《壽峰詩社擊缽詩題錄》等詩刊，其價值有一、了解「戰後高雄地區傳統詩」在高雄文學史上扮演之角色。二、研究高雄地方史事之珍貴史料。三、補台灣詩乘之闕漏等。

三、未來展望

此區域傳統詩的研究在題材、方法及體裁等三方面皆有可觀之處：

（一）題材之豐贍：對戰後高雄地區傳統詩作品題材、蒐羅豐贍、爬梳整理、分析校正，這些文學史料可供學術研究，並樹立對高雄地區傳統文學認識之整體性。

（二）方法之周密：本文選取及所研探之詩人，以首善高雄市為主（詩社最多）；高雄縣則各取三大詩社。其次，詩作之選取捨棄一般作品歸類分法，改以地方情事、物景等概括分析當代之主題思想，另有特殊主題之分析（地方災難、宗教），對詩人詩作多方位的探討等。

（三）體裁之多樣：整理析論戰後高雄地區相關詩社、羅列近百位詩人及各種體裁之作品等，觀察傳統詩之功、掌握傳統創作傳承與遞變之效，目的在加深對戰後高雄地區傳統詩學做藝術性、社會性之觀察與認識。

最後，筆者想提的是，這篇論文可說是「戰後高雄地區傳統詩研究」之開路先鋒，吾人認為論文中對詩人們作品之挖掘、生平介紹等仍應有更周全的研究空間；再者，對當地其他詩人詩作以及人文景觀之探討也恐有遺珠之憾，而相關書院及私人受教情形等，也有必要全面蒐羅研究，目前吾人尚無法分次逐一進行採訪調查，凡此都有待往後進一步的調查研究。

高雄地區位處南台重鎮，有其豐富的在地文化資產，要經由蒐羅、調查，可觀察出此地區之傳統詩學，雖然部分作品鮮為人知（未開發而被遺棄），目前亦少民眾參與，但實值得吾人重新思考其意義與永續性。

今環視全球建築物，有幾處存有詩、文、聯以彰顯其文化內涵？台灣高雄地區僅為蕞爾小域，就有如此豐富之古蹟與文化資產，今日談文化創意事業並不能畫地自限，或流於紙上談兵，實應積極整理而散播發揚光大。目前高雄地區已有「文學館」、「文化園區」、「文學步道」等設置，宜多規劃傳統

詩比賽、詩人講座等相關活動，並進而透過媒體傳播，或以電子商務的契機，推廣普及各地，甚至推廣至全球。

詩可以興、觀、群、怨，古有明訓，近人黃永武教授亦言，「詩」可以補「史」的不足，因為「詩深入生活的細節，心靈的內層，有時比史更真實」。所以提倡詩學可以深化地區文化、豐富美化人生。政府與民間應重視強化現有詩社的功能，並在學校進行教育傳承，而詩社與學校社教單位則要多聯繫結合，發展特色教學，相輔相成，既能使學習活動更有趣味，也可以因而提高個人的學習成就。

就一般民眾而言，除了多參與高雄鄉賢或文化團體所成立之詩社及吟唱學會外，吾人也可營造社區或學校有一文化聚集處，如文化中心之「藝文之家」、或如左營高中校內之「文學館」；又可對於建物如廟宇、自宅、宗祠、亭台等篆刻詩文聯、碑石等，如旗峰詩社在旗山溪畔營造的「古典詩堤」；龔天梓、陳自軒等人將自己的詩作、聯語部分留存於宗祠廟宇等，使傳統詩與日常生活緊密聯繫；而自然物如樹木、水果、花卉等亦有吟詠之作，鑲於圍牆、公共看版，如此即能打造地方特色，凸顯人文精神，活絡地區文化之價值。必能塑造出優雅美好的環境，提升生活品質，進而建立富而好禮，泱泱大國文學之風潮。

如此，筆者撰寫這篇論文時，從事田調、採訪、整理高雄地區詩傳統詩人作品的初衷與意義，或許就能得到一些積極正面的價值了。

主要參考書目

一、文獻史料

1. 《台灣通史》，連橫著，眾文圖書公司，1979 年 8 月。
2. 《台灣詩錄拾遺》，林文龍編著，台灣省文獻委員會，1979 年 12 月。
3. 《台灣詩錄》，陳漢光編著，台灣省文獻委員會，1984 年 6 月。
4. 《台灣詩薈》，連橫著，台灣省文獻委員會編印，1992 年 3 月。
5. 《鳳山縣采訪冊》，盧德嘉編著，台灣省文獻委員會，1993 年。
6. 《臺陽詩話》，王松著，台灣文獻叢刊第 34 種，省文獻會 1994 年 5 月。

二、專著

1. 《台灣先賢著作提要》，王國璠，台灣省立新竹社會教育館，1974 年 6 月。
2. 《台灣史論叢》第一輯，曹永和、黃富三，眾文圖書公司，1980 年 4 月。
3. 《傳統詩的形式結構》，張夢機，台北：尚友出版社，1981 年。
4. 《中國文學史》，葉慶炳，學生書局，1983 年 8 月。
5. 《台灣文學史綱》，葉石濤，文學界雜誌社，1987 年 2 月。
6. 《中國詩話史》，蔡鎮楚，湖南文藝出版社，1988 年 5 月。
7. 《高雄市詩人聯誼會十週年紀念詩集》，曾人口編輯，高雄市詩人聯誼會出版，1989 年 12 月。
8. 《台灣開發史研究》，尹章義，聯經出版事業公司，1989 年 12 月。
9. 《台灣地名研究》，安倍明義，武陵出版社，1990 年 1 月。
10. 《台灣文化志》，伊能嘉矩中譯本，台灣省文獻委員會，1991 年 6 月。
11. 《台灣香港文學研究述論》，王劍叢等編，天津教育出版社，1991 年 10 月。

12. 《台灣詩選注》，陳昭瑛，正中書局，1996 年 2 月。

13. 《金川詩草百首鑑賞》，鄭文惠主編，文史哲出版社，1997 年。

14. 《傳統詩集》第一輯，台北：中華民國傳統詩學會，1979 年。

15. 《傳統詩集》第四輯，台北：中華民國傳統詩學會，1988 年。

16. 《嘉義地區傳統文學發展史》，江寶釵，嘉義市立文化中心，1998 年 6 月。

17. 《傳統文學的奧秘——文心雕龍》，王夢鷗，時報文化，1998 年 11 月。

18. 《台灣文學研究》，龔顯宗，五南圖書公司，1998 年 12 月。

19. 《台灣詩史》，廖雪蘭，文史哲出版社，1999 年 3 月。

20. 《錦松詩稿》，簡錦松，里仁書局，1999 年 12 月。

21. 《台灣文學家列傳》，龔顯宗，五南圖書公司，2000 年 3 月。

22. 《詩論》，許成章著，春暉出版社，2000 年 6 月。

23. 《正名室詩存》，許成章，春暉出版社，2000 年 6 月。

24. 《亮宇詩文集》，龔天梓，山林出版社，2000 年 11 月。

25. 《高雄市詩人協會二十週年紀念詩集》，曾人口編輯，高雄市詩人協會出版，2001 年 2 月。

26. 《台灣傳統詩面面觀》，江寶釵，巨流圖書公司，2002 年 3 月。

27. 《2003 高雄研究學報》，高雄市社區大學促進會，2003 年 8 月。

28. 《台詩三百首》，台灣傳統詩選，楊青矗，敦理出版社，2003 年 8 月。

29. 《全台詩·傳統篇》五冊，遠流出版社，2004 年 2 月。

30. 《連雅堂文學研究》，黃美玲著，文津出版社，2005 年 5 月。

31. 《高雄發展史》，楊玉姿，高市文獻會，2005 年 12 月。

32. 《高雄市早期國際化的發展初探》，葉振輝，高市文獻會，2005 年 12 月。

33. 《槐園集》，許成章編校，龍文出版社，2006 年。

34. 《台灣近百年來詩話輯》，林正三等輯錄，文史哲出版社，2006 年 4 月。

35. 《中華傳統詩集》第九輯，台北：中華民國傳統詩學會，2006 年 10 月。

36. 《台南縣文學史》上編，龔顯宗，台南縣立文化中心，2006 年 12 月。

37. 《傳統臺灣：文學史·詩社·作家論》，黃美娥，國立編譯館出版，2007 年 7 月。

38. 《高雄市詩人協會擊缽詩集第一輯》，洪水河，高雄市詩人協會，2008 年 5 月。

三、學位論文

1. 《台灣詩社之研究》，王文顏，政治大學中文所碩論，1979 年。

2. 《台灣光復前重要詩社作家作品研究》，陳丹馨，東吳大學中文所碩論3.，1991年。

3. 《清代臺灣鳳山縣詩歌研究》，王俊勝，文化大學中文所碩論，2001年。

4. 《北港地區傳統詩社研究》，張作珍，南華大學文研所碩論，2001年。

5. 《日據時期高雄市詩社和詩人之研究——以旗津吟社為例》，王玉輝，中山大學中文所碩論，2004年。

6. 《六堆客家傳統文學研究》，邱春美，輔大中研所博論，2005年1月。

7. 《許成章漢詩研究》，魏筱雯，高雄師範大學國研所教學碩論，2007年。

8. 《王天賞漢詩研究》，楊珮瑜，高雄師範大學國研所教學碩論，2008年。

四、學報期刊

1. 〈台北市詩社座談會〉，《台北文物》第4卷第4期，1956年2月。

2. 〈台灣第一位閨秀詩人黃金川和她的金川詩草〉，廖一瑾，《中國文化大學中文學報》頁47～165，1993年2月。

3. 〈清代與日據時期高雄傳統詩壇特色〉，廖一瑾，《高雄歷史與文化》第一輯，頁199～214，陳中和翁慈善基金會，1994年4月。

4. 〈黃金川情感世界與現實關懷〉，黃俊傑，《高雄歷史與文化》第一輯，頁215～239陳中和翁慈善基金會，1994年4月。

5. 〈黃金川的詩學養成及其《金川詩草》內容探討〉，林翠鳳，《東海大學中文學報》第13期，頁185～210，2001年7月。

6. 〈黃金川詩雜談〉，胡巨川，《南台文化》第2期，頁24～31，2002年6月。

7. 《新文壇》革新版第九期，楊濤主編，高雄新文壇雜誌社，2008年1月。

五、工具書

1. 《台灣文獻叢刊序跋彙錄》，周憲文，中華書局，1971年11月。

2. 《文章體裁辭典》，金振邦，東北師範大學，1986年6月。

3. 《台灣地區文獻會期刊總索引》，高賢治等編，龍文出版社，1989年9月。

4. 《台灣漢語傳統文學書目》，吳福助，文津出版社，1999年1月。

六、網站

1. 施懿琳「台灣傳統文學研究室」網站，
   網址：http://140.116.14.95/history.htm。

2. 施懿琳「台灣傳統文學研究工作坊」網站，
   網址：http://mail.ncku.edu.tw/~yilin/。

3. 台灣大學圖書館「台灣研究資源」網站，
   網址：http://www.lib.ntu.edu.tw。

4. 呂興昌教授「台灣文學研究」網站，網址：
   http://140.114.123.98/taioan/bunhak/hak-chia/e/eng-hong-hong/chiong.htm/。

5. 中央研究院漢籍電子文獻「漢典全文檢索系統」網站，
   網址：http://www.sinica.edu.tw/ftms-bin/ftmsw3?ukey=-1616101。

6. 「台灣漢詩數位典藏資料庫」網站，網址：http://140.123.48.3/poetry/。
   「賴和紀念館數位化博物館」網站，
   網址：http://cls.hs.yzu.edu.tw/laihe/。

6. 「台灣傳統漢詩」網站，網址：http://cls.hs.yzu.edu.tw/cp/Home.htm
   「國家文化資料庫·漢詩」網站，
   網址：http://nrch.cca.gov.tw/ccahome/poetry/。

附錄一　壽峰詩社擊缽詩題表

表 3－2 〔註1〕：**壽峰詩社歷年來課題及擊缽詩題目錄**

（自 1953 年至 2002 年）

題次	詩　題	格　律	左右詞宗	左右元	期　刊	年月
1	壽峰雅集	七律仄韻			各別集	42.6
2	鴛鴦牒	五律先韻	史鳳儒 陳月樵	丁鏡湖 高雲鶴	友二卷五期	43.5
3	雨絲	七絕覃韻	宋義勇 高雲鶴	高雲鶴 高文淵	友三卷一	43.10
4	合歡枕	五律陽韻	陳月樵 鮑樑臣	鮑樑臣 吳紉秋	苑六期	44.7
5	話舊	五絕佳韻	倪登玉 王隆遜	許景綿 高文淵	苑六期	44.7
6	壽峰詩社成立兩週年紀念	七律支韻	陳皆興 吳紉秋	林章寶 施子卿	苑七期	44.8
7	西子灣避暑	七絕冬韻	陳月樵 宋義勇	鮑樑臣 丁鏡湖	苑八期	44.9
8	雞雛	七絕庚韻	施子卿 王隆遜	許成章 高雲鶴	苑廿一期	45.9
9	壽峰晚眺	七律青韻	鄭坤五 周定山	施子卿 高文淵	苑廿二期	45.10

〔註1〕 參閱胡巨川〈高雄壽峰詩社課題擊缽詩題目錄〉，《高市文獻》第 16 卷第 1 期頁 105～161，高雄市文獻委員會印行，2003 年 3 月。

題次	詩　題	格　律	左右詞宗	左右元	期　刊	年月
10	雙星會	七絕眞韻	薛玉田 沈達夫	許景綿 陳月樵	友六卷三	45.12
11	壽山	五律尤韻	周定山 王獎卿	高文淵 高文淵	鯤一卷六	46.1
12	椿庭	五律陽韻	鄭坤五 鮑樑臣	周定山 高文淵	友六卷五	46.2
13	筆戰	七絕陽韻	鮑樑臣 許成章	施子卿 王隆遜	苑廿六期	46.2
14	冬日登壽山	七律庚韻	葉占梅 盧少白	陳雲汀 黃才樹	友六卷六	46.2
15	墨痕	七絕寒韻	周定山 陳月樵	許成章 高文淵	鯤二卷三	46.4
16	國父九一誕辰	七律眞韻	林玉書 張達修	王福祥 洪子衡	苑廿八期	46.4
17	留春	七絕侵韻	高雲鶴 鮑樑臣	洪月嬌 洪月嬌	友七卷四	46.7
18	遊左營元慶寺	七絕東韻	鮑樑臣 施子卿	施子卿 鮑樑臣	苑卅二期	46.8
19	選潮	七絕寒韻	鮑國棟 許成章	高齊天 周定山	友七卷五	46.8
20	西子灣觀浴	五律先韻	李曉樓 蔡元亭	蕭乾元 郭淵如	苑卅四期	46.10
21	秋耕	七絕微韻	蕭永東 陳皆興	周樹南 郭淵如	苑卅五期	46.11
22	重陽懷友	七絕虞韻	倪登玉 陳昌言	高文淵 鮑樑臣	苑卅六期	46.12
23	葉底花	七絕覃韻	王隆遜 高文淵	洪月嬌 施子卿	苑卅七期	47.1
24	春眠	五絕庚韻	張蒲園 王隆遜	盧耀廷 高文淵	苑四十期	47.4
25	落花	七絕虞韻	盧耀廷 王隆遜	高文淵 高文淵	苑四一期	47.5

題次	詩　題	格　律	左右詞宗	左右元	期　刊	年月
26	望雨	五律刪韻	高文淵 盧耀廷	鮑樑臣 許成章	苑四二期	47.6
27	合歡扇	七律東韻陽韻	陳昌言 吳紉秋	高文淵 高雲鶴	苑四四期	47.8
28	香瓜	七絕眞韻	鮑樑臣 王隆遜	高文淵 顏壽巖	苑四五期	47.9
29	白蝶	七絕蒸韻	王隆遜 施子卿	許成章 高文淵	苑四六期	47.10
30	秋日登春秋閣	七律豪韻	鄭坤五 白劍瀾	王隆遜 陳志淵	苑四六期	47.10
31	蓮潭印月	七絕文韻	黃森峰 蔡元亨	許成章 吳紉秋	苑四七期	47.11
32	詩城	七絕齊韻	鮑樑臣 許成章	郭淵如 鮑樑臣	苑四七期	47.11
33	殘暑	五律東韻	陳昌言 高文淵	郭淵如 林靜遠	苑四八期	47.12
34	擁篲	七絕眞韻	倪登玉 陳昌言	鮑樑臣 許成章	苑四九期	48.1
35	弔同社許景綿先生	不限體韻	╲	╲	苑五十期	48.2
36	春酒	七絕陽韻	陳月樵 施子卿	鮑樑臣 洪月嬌	苑五一期	48.3
37	冬日田家	五律覃韻	施子卿 許成章	王隆遜 高文淵	苑五二期	48.4
38	冒雨訪友	五律麻韻	高雲鶴 許成章	施子卿 施子卿	苑五五期	48.7
39	夏青	四唱	鮑樑臣 王獎卿	王獎卿 蔡玉修	友十一卷三	48.7
40	雨聲	五絕文韻	陳月樵 蔡玉修	高文淵 高雲鶴	苑五六期	48.8
41	擘龍眼	七絕先韻	陳月樵 施子卿	王隆遜 蔡玉修	苑五七期	48.9
42	晚霄	七絕先韻	高雲鶴 王隆遜	王隆遜 李清泉	苑五八期	48.10

題次	詩 題	格 律	左右詞宗	左右元	期 刊	年月
43	壽山賞雨	七律東韻	薛玉田 陳昌言	吳紉秋 陳月樵	友十一卷五	48.11
44	雙雁影	七絕尤韻	王隆遜 李清泉	鮑樑臣 王隆遜	苑五九期	48.11
45	待七夕	七絕歌韻	蕭永東 陳子波	高春蟬 高文淵	苑五九期	48.11
46	酒邊談	七絕刪韻	陳月樵 李樹春	高文淵 許成章	苑六二期	49.2
47	並蒂梅	五律庚韻	陳皆興 陳月樵	高文淵 郭淵如	鯤六卷三	49.2
48	整容術	七絕先韻	高文淵 許成章	施子卿 王國琛	苑六三期	49.3
49	相思炭	七律鹽韻	未設詞宗	交卷爲序	苑六四期	49.4
50	青年節修褉	七律庚韻	黃傳心 洪子衡	劉福麟 蕭乾源	友十二卷四	49.5
51	心地	六唱	未設詞宗	交卷爲序	友十二卷四	49.5
52	喜雨	七絕麻韻	李步雲 葉占梅	李勝彥 白劍瀾	友十二卷五	49.6
53	太保學生	七絕蕭韻	陳明德 許成章	林靜遠 呂筆	友十二卷五	49.6
54	柳眼	七絕青韻	未設詞宗	交卷爲序	苑六六期	49.6
55	心地	七絕微韻	陳午橋 施子卿	施子卿 高齊天	友十二卷六	49.7
56	雙劍	三唱	呂伯端 林靜遠	鮑樑臣 王隆遜	友十二卷六	49.7
57	選國姐	五律江韻	未設詞宗	交卷爲序	藝六七期	49.7
58	洞房春	七律仄韻	陳月樵 鮑樑臣	郭淵如 李清泉	友十三卷一	49.8
59	壽山納涼	五律蕭韻	黃森峰 李曉樓	連祖芬 施子卿	友十三卷二	49.9
60	游泳賽	七絕仄韻	陳可亭 周椅楠	蕭永東 劉順安	友十三卷二	49.9

題次	詩　題	格　律	左右詞宗	左右元	期　刊	年月
61	涼亭	五絕江韻	林靜遠 郭淵如	郭淵如 高文淵	友十三卷二	49.9
62	壽峰	一唱	未設詞宗	交卷爲序	友十三卷二	49.9
63	色眼鏡	七絕咸韻	未設詞宗	交卷爲序	友十三卷二	49.10
64	風前月	碎錦格	未設詞宗	交卷爲序	友十三卷二	49.10
65	水仙花	湯網格	未設詞宗	交卷爲序	友十三卷二	49.10
66	祝杜博士聰 明執教四十 週年	五律支韻	王獎卿 王隆遜	王隆遜 高文淵	友十三卷二	49.10
67	醉中秋	七絕尤韻	陳國樑 許成章	高文淵 施子卿	友十三卷四	49.11
68	月鏡	蟬聯格	未設詞宗	交卷爲序	友十三卷四	49.11
69	港都夜雨	七絕魚韻	洪寶昆 高文淵	呂筆 陳春鵬	友十三卷五	49.12
70	天路	一唱	未設詞宗	交卷爲序	友十三卷五	49.12
71	鶉衣	七絕咸韻	許成章 李樹春	施子卿 呂伯端	友十二卷六	50.1
72	秋日小集	七絕豪韻	鮑樑臣 王隆遜	郭淵如 郭淵如	藝七三期	50.1
73	風刀	七絕文韻	施子卿 呂柏端	高文淵 王隆遜	友十四卷一	50.2
74	冷如冰	鼎足格	未設詞宗	交卷爲序	友十四卷一	50.2
75	冷如冰	鴻爪格	未設詞宗	交卷爲序	友十四卷一	50.2
76	迎年菊	七律江韻	高文淵 王隆遜	郭淵如 呂筆	友十四卷二	50.3
77	開運河	七絕鹽韻	呂筆 郭淵如	施子卿 林玉青	友十四卷二	50.3
78	六冬	雲泥格	未設詞宗	交卷爲序	友十四卷二	50.3
79	糊雞	晦明格	未設詞宗	交卷爲序	友十四卷	50.3
80	戎旦雞	七律麻韻	鮑樑臣 王隆遜	郭淵如 郭淵如	友十四卷三	50.4
81	春讌	五律青韻	施子卿 林玉青	王條順 施子卿	友十四卷三	50.4

題次	詩　題	格　律	左右詞宗	左右元	期　刊	年月
82	滿園	魁斗格	未設詞宗	交卷爲序	友十四卷三	50.4
83	春酒	合詠崁甲字	未設詞宗	交卷爲序	友十四卷三	50.4
84	歲寒圖	五律侵韻	未設詞宗	交卷爲序	藝七六期	50.4
85	文天祥	七律陽韻	未設詞宗	交卷爲序	友十四卷四	50.5
86	玉欄干	七絕豪韻	王隆遜 蔡玉修	許成章 施子卿	友十四卷四	50.5
87	杏花雨	七絕眞韻	施子卿 郭淵如	黃才樹 洪月嬌	藝七七期	50.5
88	柳影	七絕寒韻	黃才樹 洪月嬌	蔡玉修 陳自軒	藝七八期	50.6
89	僧虎	晦明格	未設詞宗	交卷爲序	友十四卷五	50.7
90	風樹	三唱	未設詞宗	交卷爲序	友十四卷五	50.7
91	簾前月	七絕肴韻	許成章 施子卿	鮑樑臣 劉炳章	友十四卷五	50.7
92	壽峰詩社八 週年書感	七律麻韻	王獎卿 王隆遜	劉炳章 丁鏡湖	友十四卷六	50.8
93	龍野	雲泥格	未設詞宗	交卷爲序	友十四卷六	50.8
94	花月	分詠格	未設詞宗	交卷爲序	友十四卷六	50.8
95	夏日愛河垂 釣	七律寒韻	黃森峰 蔡元亨	王隆遜 黃森峰	友十五卷一	50.9
96	待榜	七絕虞韻	陳可亭 蕭乾源	蔡玉修 洪耕南	友十五卷一	50.9
97	環翠軒消夏	七絕東韻	陳月樵 鮑樑臣	高文淵 陳月樵	友十五卷一	50.9
98	綠松	晦明格	未設詞宗	交卷爲序	友十五卷一	50.9
99	酒人	四唱	未設詞宗	交卷爲序	友十五卷一	50.9
100	雙棲燕	七律陽韻	高文淵 許成章	鮑樑臣 郭淵如	藝八一期	50.9
101	還俗尼	七絕肴韻	鮑樑臣 王條順	洪月嬌 王隆遜	友十五卷二	50.11
102	秋夜	七唱	未設詞宗	交卷爲序	友十五卷二	50.11
103	夏日長	流水格	未設詞宗	交卷爲序	友十五卷二	50.11

題次	詩 題	格 律	左右詞宗	左右元	期 刊	年月
104	歸寧	七絕歌韻	王獎卿 吳紉秋	吳紉秋 蘇柳汀	藝八三期	50.11
105	十四夜小集	七律元韻	洪寶昆 鮑槳臣	王獎卿 洪月嬌	友十五卷三	50.12
106	雙魯	雲泥格	未設詞宗	交卷爲序	友十五卷三	50.12
107	鳴世	蟬聯格	未設詞宗	交卷爲序	友十五卷三	50.12
108	中元遇雨	七律齊韻	王隆遜 許成章	高齊天 王隆遜	友十五卷四	51.1
109	老家	二唱	未設詞宗	交卷爲序	友十五卷四	51.1
110	聯業	蟬聯格	未設詞宗	交卷爲序	友十五卷四	51.1
111	海天秋望	七律先韻	陳月樵 王隆遜	高文淵 鮑槳臣	藝八五期	51.1
112	東燕	五律齊韻	王隆遜 郭淵如	高文淵 王隆遜	藝八六期	51.2
113	懸崖菊	五律蕭韻	王隆遜 郭淵如	陳紫亭 陳月樵	友十五卷五	51.2
114	水鏡	七絕文韻	鮑槳臣 高文淵	王隆遜 郭淵如	友十五卷五	51.2
115	村樹	二唱	未設詞宗	交卷爲序	友十五卷五	51.2
116	如口	四唱	未設詞宗	交卷爲序	友十五卷五	51.2
117	歲暮書感	七律刪韻	陳月樵 陳紫亭	王隆遜 郭淵如	友十五卷六	51.3
118	問竹	五律蕭韻	高文淵 王隆遜	郭淵如 王隆遜	友十五卷六	51.3
119	花影	五唱	未設詞宗	交卷爲序	友十五卷六	51.3
120	張蒲園社兄 令郎耀雄君 新婚誌喜	不限體韻	未設詞宗	交卷爲序	友十五卷六	51.3
121	人日雅集	七律眞韻	洪月嬌 王絛順	陳自軒 許成章	藝八八期	51.4
122	歡迎吳步初 詞長	七律侵韻	吳步初 王隆遜	施子卿 吳步初	藝八九期	51.5
123	補冬	三唱	未設詞宗	交卷爲序	友十六卷二	51.5

題次	詩　題	格　律	左右詞宗	左右元	期　刊	年月
124	瓶笙	七絕東韻	陳月樵 郭淵如	洪月嬌 王條順	友十六卷三	51.6
125	團圓月	七律東韻	陳月樵 鮑樑臣	高文淵 陳月樵	友十六卷三	51.6
126	得勝酒	五律文韻	陳月樵 施子卿	呂筆 郭淵如	友十六卷四	51.7
127	槐園初夏	七律支韻	呂伯淵 郭淵如	郭淵如 林靜遠	藝九一期	51.7
128	九年社慶	七律刪運	陳月樵 鮑樑臣	高文淵 陳月樵	友十六卷六	51.9
129	綠蔭	五絕支韻	王獎卿 王隆遜	鮑樑臣 洪月嬌	友十六卷六	51.9
130	壽山即景	五律先韻	林靜遠 郭淵如	陳紫亭 王隆遜	友十九卷三	51.10
131	無線電	碎錦格	未設詞宗	交卷爲序	友十七卷一	51.10
132	消暑雨	五律齊韻	吳步初 王獎卿	施子卿 陳自軒	友十七卷二	51.11
133	不速客	七律看韻	吳步初 施子卿	郭淵如 吳步初	友十七卷三	51.12
134	南畫	雲泥格	未設詞宗	交卷爲序	友十七卷三	51.12
135	賞曇花	七律眞韻	王獎卿 施子卿	郭淵如 王隆遜	友十七卷三	51.12
136	龍泉寺聽經	五律元韻	薛玉田 李曉樓	張一諾 吳光博	友十七卷四	52.1
137	詩運	七絕多韻	蕭乾源 鄭玉波	劉順安 王隆遜	友十七卷四	52.1
138	遊春屐	五律庚韻	陳自軒 洪月嬌	吳光博 李清泉	友十七卷四	52.1
139	花燭夜	七律庚韻	王獎卿 王隆遜	陳月樵 陳蘊堂	友十七卷五	52.2
140	淡交	魁斗格	張蒲園 高雲鶴	高文淵 林靜遠	友十七卷五	52.2

題次	詩　題	格　律	左右詞宗	左右元	期　刊	年月
141	懶貓	五絕陽韻	施子卿 郭淵如	高文淵 許成章	友十七卷六	52.3
142	登高節	碎錦格	未設詞宗	交卷為序	友十七卷六	52.3
143	百花香	七律微韻	鮑樑臣 郭淵如	洪月嬌 許成章	友十八卷一	52.4
144	醉桃觴	七律先韻	鮑樑臣 施子卿	郭淵如 郭淵如	友十八卷一	52.4
145	春日偶成	七律魚韻	高雲鶴 高文淵	林靜遠 許成章	友十八卷三	52.6
146	環翠軒話舊	七律陽韻	陳志淵 林靜遠	鮑樑臣 郭淵如	友十八卷三	52.6
147	槐花撲蝶	七律佳韻	倪登玉 許成章	洪月嬌 郭淵如	友十八卷四	52.7
148	聽鶯	七律齊韻	王獎卿 吳步初	李清泉 王獎卿	藝一〇三期	52.7
149	蕉陰觀弈	七律佳韻	陳月樵 郭淵如	郭淵如 王隆遜	藝一〇四期	52.8
150	詩畫侶	七律豪韻	陳月樵 鮑樑臣	王隆遜 郭淵如	友十八卷五	52.8
151	出谷鶯	五律蕭韻	施子卿 林玉青	鮑樑臣 陳月樵	友十八卷五	52.8
152	晒穀	五律東韻	陳月樵 鮑樑臣	郭淵如 陳月樵	友十八卷六	52.9
153	壽豐詩社十週年誌盛	七律東韻	陳昌言 李秀瀛	陳月樵 李國琳	藝一〇五期	52.9
154	七夕愛河泛舟	七律灰韻	吳步初 郭淵如	高文淵 施子卿	藝一〇六期	52.10
155	封姨	七律覃韻	許成章 林靜遠	洪月嬌 郭淵如	藝一〇七期	52.11
156	壽山山下度新年	七律眞韻	吳步初 王隆遜	高文淵 黃才樹	友十九卷二	52.12
157	餞春	七律支韻	陳月樵 高文淵	施子卿	友十九卷三	53.1

題次	詩　題	格　律	左右詞宗	左右元	期　刊	年月
158	壽山遠眺	七律歌韻	曾文新 李步雲	施青雲 陳紉春	友十九卷四	53.2
159	菊夢	七絕蕭韻	吳步初 蕭嘯濤	李清泉 李可讀	友十九卷四	53.2
160	秋夜	五律蕭韻	洪月嬌 郭淵如	郭淵如 王隆遜	友十九卷四	53.2
161	秋日旅懷	五律灰韻	張鶴亭 高文淵	林靜遠 許成章	友十九卷五	53.3
162	憶重陽	七律蒸韻	王隆遜 郭淵如	薛鼓峰 許成章	友十九卷六	53.4
163	蘭孫	五律元韻	周定山 鮑樑臣	林玉青 周定山	友二十卷一	53.5
164	東日郊遊	七律眞韻	王隆遜 李樹春	陳月樵 許成章	友二十卷一	53.5
165	春水船	七律佳韻	王隆遜 高文淵	劉炳章 施子卿	友二十卷二	53.6
166	春心暖	碎錦格	未設詞宗	交卷爲序	友二十卷三	53.7
167	甲辰詩人節雅集	五律先韻	王奬卿 王隆遜	呂伯端 林玉青	友二十卷四	53.8
168	半屏多霽	五律庚韻	陳月樵 許成章	蔡玉修 李清泉	友二十卷四	53.8
169	懷翠軒待春	七律陽韻	蔡玉修 李清泉	王奬卿 洪月嬌	友二十卷五	53.9
170	喜靜	六唱	未設詞宗	交卷爲序	友二十卷六	53.10
171	冬曉	七絕尤韻	鮑樑臣 郭淵如	黃才樹 洪月嬌	友二十卷六	53.10
172	消夏吟	七排限先 蕭肴豪韻	陳紫亭 王隆遜	高文淵 蔡玉修	友二十卷六	53.10
173	白雲山房讀畫	七律冬韻	陳月樵 鮑樑臣	林靜遠 王奬卿	友二十卷六	53.10
174	鳳凰于飛	七律陽韻	陳月樵 鮑樑臣	高文淵 蘇柳汀	友二十卷六	53.10

題次	詩　題	格　律	左右詞宗	左右元	期　刊	年月
175	百鶴圖	五律陽韻	陳月樵 許成章	王隆遜 李樹春	友二十卷六	53.10
176	春水船	七律佳韻	王隆遜 高文淵	劉炳章 施子卿	友廿一卷一	53.11
177	東日郊遊	七律眞韻	王隆遜 李樹春	陳月樵 許成章	友廿一卷一	53.11
178	蘭孫	五律元韻	周定山 鮑樑臣	林玉青 周定山	友廿一卷一	53.11
179	憶重陽	七律蒸韻	王隆遜 郭淵如	薛鼓峰 許成章	友廿一卷一	53.11
180	秋日旅懷	五律灰韻	張鶴亭 高文淵	林靜遠 許成章	友廿一卷一	53.11
181	秋夜	五律蕭韻	洪月嬌 郭淵如	郭淵如 王隆遜	友廿一卷一	53.11
182	菊春	七絕蕭韻	吳步初 蕭嘯濤	李清泉 李可讀	友廿一卷二	53.11
183	壽山遠眺	七律歌韻	曾文新 李步雲	施青雲 陳紉春	友廿一卷二	53.12
184	港都春望	五律咸韻	黃才樹 施子卿	黃烔墉 高文淵	友廿一卷二	53.12
185	中秋步月	七律眞韻	施子卿 郭淵如	林靜遠 高文淵	友廿一卷三	54.1
186	秋心	七律刪韻	王隆遜 高文淵	郭淵如 許成章	友廿一卷三	54.1
187	蓮壇秋色	七律蕭韻	許成章 郭淵如	郭淵如 施子卿	友廿一卷三	54.1
188	笑聲	七絕鹽韻	林靜遠 李樹春	王隆遜 黃才樹	友廿一卷三	54.1
189	春鳥	五絕支韻	施子卿 高文淵	林靜遠 李樹春	友廿一卷三	54.1
190	暖風	三唱	未設詞宗	交卷爲序	友廿一卷三	54.1
191	孔誕書懷	七律支韻	陳紫亭 王條順	高文淵 鄭溯南	友廿一卷四	54.2

題次	詩 題	格 律		左右詞宗	左右元	期 刊	年月
192	梅花風	五律侵韻		陳月樵 鮑樑臣	張蒲園 洪月嬌	友廿一卷四	54.2
193	春溪	五律陽韻		洪月嬌 郭淵如	陳紫亭 洪月嬌	友廿一卷四	54.2
194	菊花酒	五律覃韻		高文淵 林靜遠	郭淵如 許成章	友廿一卷四	54.2
195	萬壽菊	五律灰韻		王隆遜 高文淵	施子卿 王獎卿	友廿一卷四	54.2
196	冬至丸	七絕蒸韻		呂伯端 李清泉	李清泉 林靜遠	友廿一卷四	54.2
197	松鶴圖	七律先韻		陳月樵 施子卿	丁鏡湖 蘇柳汀	友廿一卷五	54.3
198	小陽春探梅	七律青韻		王隆遜 高文淵	施子卿 吳光博	友廿一卷六	54.4
199	寒意	七絕支韻		蔡玉修 鄭溯南	呂伯端 李清泉	友廿一卷六	54.4
200	龍鳳燭	七律陽韻		陳月樵 鮑樑臣	王隆遜 高文淵	友廿一卷六	54.4
201	養雞	七絕眞韻		施子卿 郭淵如	許成章 蔡玉修	友廿一卷六	54.4
202	消寒吟	七排限歌	麻陽庚韻	陳月樵 王中滿	施子卿 林靜遠	友廿二卷一	54.5
203	新環境	七律東韻		丁鏡湖 蘇柳汀	陳月樵 王中滿	友廿二卷一	54.5
204	新年讌	五律覃韻		王獎卿 王隆遜	許成章 王條順	友廿二卷一	54.5
205	果汁	七律庚韻		林靜遠 李清泉	王隆遜 王獎卿	友廿二卷一	54.5
206	春風	七律眞韻		蔡伯樑 許成章	林靜遠 王隆遜	友廿二卷一	54.5
207	春雲	七絕咸韻		施子卿 林靜遠	王條順 王隆遜	友廿二卷一	54.5

題次	詩　　題	格　　律	左右詞宗	左右元	期　　刊	年月
208	愛河夜色	七律蒸韻	鮑樛臣 施子卿	蘇鉚汀 高文淵	友廿二卷二	54.6
209	花朝雅集	七絕東韻	王隆遜 王條順	高文淵 鄭溯南	友廿二卷二	54.6
210	含笑花	七絕青韻	高文淵 鄭溯南	陳自軒 蘇柳汀	友廿二卷三	54.7
211	伍員簫	七律陽韻	陳月樵 高文淵	高文淵 洪月嬌	友廿二卷四	54.8
212	春早	五律江韻	許成章 蘇柳汀	高文淵 陳月樵	友廿二卷四	54.8
213	詩思	五律魚韻	陳月樵 高文淵	郭淵如 林靜遠	友廿二卷四	54.8
214	高標詩幟壽 山巔	七律先韻	陳月樵 鮑樛臣	陳紫亭 薛鼓峰	友廿二卷五	54.9
215	畫餅	七絕蕭韻	施子卿 洪月嬌	鮑樛臣 施子卿	友廿二卷五	54.9
216	游仙枕	七律侵韻	鮑樛臣 高文淵	王條順 施子卿	友廿二卷六	54.10
217	雨聲	七絕尤韻	高文淵 許成章	許成章 王隆遜	友廿二卷六	54.10
218	港都秋望	七律齊韻	陳昌言 楊乃胡	丁鏡湖 施子卿	友廿三卷一	54.11
219	風箏	七絕鹽韻	蕭乾源 鄭玉波	顏仁傳 李清泉	友廿三卷一	54.11
220	釋迦果	七律麻韻	鮑樛臣 王條順	蘇柳汀 高文淵	友廿三卷一	54.11
221	麗香堂賞月	七律歌韻	倪登玉 王獎卿	王獎卿 鮑樛臣	友廿三卷一	54.11
222	涼夕	五絕東韻	王條順 李清泉	王隆遜 高文淵	友廿三卷一	54.11
223	午睡	七絕江韻	王隆遜 許成章	高文淵 陳紫亭	友廿三卷一	54.11

題次	詩　題	格　律	左右詞宗	左右元	期　刊	年月
224	麗香堂化工廠喬遷	七律先韻	陳月樵 鮑樑臣	鮑樑臣 陳月樵	友廿三卷二	54.12
225	十六夜月	五律元韻	鮑樑臣 王隆遜	王隆遜 高文淵	友廿三卷二	54.12
226	國父百年誕辰紀念	七律陽韻	周定山 白劍瀾	傅紫眞 葉占梅	友廿三卷三	55.1
227	國魂	七絕陽韻	胡侗群 張晴川	林秋帆 謝桂霖	友廿三卷三	55.1
228	重九槐園雅集	五律支韻	陳月樵 洪月嬌	高文淵 施子卿	友廿三卷三	55.1
229	新眷屬	七律支韻	高文淵 施子卿	施子卿 李國琳	友廿三卷三	55.1
230	種茱	五律蕭韻	陳紫亭 高文淵	李清泉 王條順	友廿三卷四	55.2
231	槐園雙壽	七律先韻	林嘯鯤 黃森峰	蔡玉修 李曉樓	友廿三卷五	55.3
232	菊酒	七絕東韻	陳皆興 蕭乾源	施子卿 吳伯華	友廿三卷五	55.3
233	引鳳簫	七律東韻	高雲鶴 許成章	劉聲濤 王奬卿	友廿三卷六	55.4
234	醉春	七律蕭韻	鮑樑臣 許成章	陳明德 王隆遜	友廿三卷六	55.4
235	餞秋	五律文韻	高文淵 施子卿	蘇柳汀 高文淵	友廿三卷六	55.4
236	秋日漁家	七律蕭韻	王隆遜 高文淵	洪月嬌 陳月樵	友廿三卷六	55.4
237	三鶴圖	七律先韻	未設詞宗	交卷爲序	友廿四卷一	55.5
238	春晴	五律齊韻	王隆遜 陳明德	呂筆 陳月樵	友廿四卷一	55.5
239	冬松	七絕佳韻	呂伯淵 李清泉	陳月樵 劉聲濤	友廿四卷一	55.5
240	待花朝	五律麻韻	陳月樵 呂筆	高文淵 施子卿	友廿四卷一	55.5

題次	詩　題	格　律	左右詞宗	左右元	期　刊	年月
241	壽山月	七律庚韻	陳月樵 鄭溯南	陳紫亭 高文淵	友廿四卷二	55.6
242	觀音竹	五律眞韻	鮑樑臣 王隆遜	劉聲濤 陳月樵	友廿四卷二	55.6
243	閏三月	五律眞韻	鮑樑臣 張蒲園	蘇柳汀 洪月嬌	友廿四卷二	55.6
244	冬日北極殿 小集	五律文韻	陳月樵 劉聲濤	許成章 鮑樑臣	友廿四卷三	55.7
245	秋帆	七絕先韻	高文淵 蘇柳汀	王隆遜 陳月樵	友廿四卷三	55.7
246	山盟	七律庚韻	陳月樵 王隆遜	高文淵 陳月樵	友廿四卷三	55.7
247	獅山旅社即 景	七律眞韻	陳月樵 劉聲濤	鮑樑臣 蘇柳汀	友廿四卷三	55.7
248	品花	七律蕭韻	王隆遜 高文淵	高文淵 王隆遜	友廿四卷三	55.7
249	戀棧馬	七律灰韻	陳紫亭 高文淵	林靜遠 劉聲濤	友廿四卷四	55.8
250	初夏書懷	七律刪韻	王隆遜 高文淵	許成章 林靜遠	友廿四卷四	55.8
251	新寒	七絕覃韻	王隆遜 王條順	鮑樑臣 李清泉	友廿四卷四	55.8
252	畫蛇	七律虞韻	劉聲濤 林靜遠	施子卿 呂筆	友廿四卷四	55.8
253	老虎	七律陽韻	施子卿 許成章	王條順 施子卿	友廿四卷五	55.9
254	七中觀鯉	七律支韻	許成章 洪月嬌	林靜遠 鮑樑臣	友廿四卷五	55.9
255	洗塵雨	七絕陽韻	陳月樵 鮑樑臣	王隆遜 吳光博	友廿四卷五	55.9
256	春暉	五律微韻	蘇柳汀 洪月嬌	王隆遜 鮑樑臣	友廿四卷五	55.9

題次	詩 題	格 律	左右詞宗	左右元	期 刊	年月
257	翰墨林	七律魚韻	施子卿 王條順	陳月樵 呂筆	友廿四卷六	55.10
258	苔壁	七絕多韻	王隆遜 林靜遠	許成章 王獎卿	友廿四卷六	55.10
259	蚊雷	七律青韻	施子卿 林靜遠	許成章 王隆遜	友廿四卷六	55.10
260	白雲山房廳吟	五律江韻	王隆遜 許成章	林靜遠 高文淵	友廿五卷一	55.11
261	介壽酒	七律東韻	王獎卿 王隆遜	陳自軒 陳月樵	友廿五卷一	55.11
262	醉草	七絕麻韻	蔡元亨 倪登玉	劉聲濤 許成章	友廿五卷一	55.11
263	銀河	七律微韻	許成章 鄭溯南	鮑樑臣 張蒲園	友廿五卷二	55.12
264	詩敵	五律陽韻	高文淵 劉聲濤	張蒲園 呂筆	友廿五卷二	55.12
265	五五國慶	五律刪韻	張蒲園 呂筆	李清泉 蔡伯樑	友廿五卷三	56.1
266	祝高雄市議會大樓落成	七律陽韻	林嘯鯤 盧用川	王隆遜 王條順	友廿五卷三	56.1
267	民聲	五律蕭韻	王隆遜 王獎卿	王隆遜 林嘯鯤	友廿五卷三	56.1
268	曝衣樓	七律齊韻	施子卿 呂筆	鄭溯南 許成章	友廿五卷四	56.2
269	蘆影	五律歌韻	陳月樵 林靜遠	高文淵 劉聲濤	友廿五卷四	56.2
270	題環翠樓	七律先韻	王獎卿 王隆遜	丁鏡湖 陳紫亭	友廿五卷四	56.2
271	傲霜菊	七律麻韻	陳月樵 鮑樑臣	洪月嬌 蔡玉修	友廿五卷五	56.3
272	雀屏	七律眞韻	陳紫亭 施子卿	陳自軒 陳光亮	友廿五卷五	56.3

題次	詩　題	格　律	左右詞宗	左右元	期　刊	年月
273	迎歲梅	五律虞韻	倪登玉 林嘯鯤	周椅楠 陳守己	友廿五卷六	56.4
274	自由鐘	七絕尤韻	陳志淵 陳子波	蔡承欽 歐子亮	友廿五卷四	56.4
275	白菊	七絕東韻	盧用川 李清泉	洪月嬌 劉聲濤	友廿五卷四	56.4
276	同心帶	七律先韻	陳月樵 王隆遜	劉聲濤 陳月樵	友廿五卷四	56.4
277	蓮潭冬曉	七律元韻	陳月樵 王隆遜	劉聲濤 陳月樵	友廿六卷一	56.5
278	寒夜煮酒	五律侵韻	陳可亭 林嘯鯤	高文淵 蘇柳汀	友廿六卷一	56.5
279	心上人	七律不限韻	高文淵 陳子波	陳子波 洪月嬌	友廿六卷一	56.5
280	時代青年	七律青韻	李步雲 葉占梅	李可讀 丁鏡湖	友廿六卷一	56.6
281	凌雲筆	七絕魚韻	李可讀 林嘯鯤	阮文仁 陳鏡勳	友廿六卷二	56.6
282	中洲歸棹	七律先韻	陳月樵 劉聲濤	高文淵 呂筆	友廿六卷二	56.6
283	春日郊遊	七律尤韻	高文淵 蘇柳汀	鮑樑臣 施子卿	友廿六卷二	56.6
284	春陰	五律青韻	高文淵 鄭溯南	鮑樑臣 張蒲園	友廿六卷二	56.6
285	半屏夕照	七律豪韻	張蒲園 李清泉	許成章 劉聲濤	友廿六卷三	56.7
286	舊城殘月	七律微韻	許成章 洪月嬌	蘇柳汀 鮑樑臣	友廿六卷三	56.7
287	植樹節	七絕庚韻	王隆遜 施子卿	高文淵 鄭溯南	友廿六卷三	56.7
288	旗津待渡	七律歌韻	王隆遜 呂筆	洪月嬌 陳光亮	友廿六卷四	56.8

題次	詩 題	格 律	左右詞宗	左右元	期 刊	年月
289	龍水春耕	七律尤韻	施子卿 丁鏡湖	高文淵 石泉生	友廿六卷五	56.9
290	杏壇春暖	五律灰韻	鮑樑臣 許成章	洪月嬌 高文淵	友廿六卷五	56.9
291	金獅湖晚眺	七律虞韻	鮑樑臣 蘇柳汀	高文淵 施子卿	友廿六卷六	56.10
292	臥雲莊迎夏	七律支韻	陳月樵 鮑樑臣	許成章 施子卿	友廿六卷六	56.10
293	展七夕	七絕鹽韻	施子卿 丁鏡湖	丁鏡湖 劉聲濤	友廿六卷六	56.10
294	壽山毓秀	七律先韻	陳月樵 鮑樑臣	劉聲濤 高文淵	友廿七卷一	56.11
295	汗珠	七絕覃韻	劉聲濤 丁鏡湖	丁鏡湖 施子卿	友廿七卷一	56.11
296	福海揚帆	七律尤韻	鮑樑臣 許成章	陳月樵 高文淵	友廿七卷二	56.12
297	吾愛吾廬署 大方	七律入句	施子卿 蔡伯樑	蔡伯樑 高文淵	友廿七卷二	56.12
298	龍泉寺避暑	七律蕭韻	陳月樵 王隆遜	高文淵 許成章	友廿七卷三	57.1
299	詩星	七律陽韻	施子卿 蔡伯樑	洪月嬌 丁鏡湖	友廿七卷三	57.1
300	冬日書懷	五律佳韻	陳子波 鄭玉波	黃河楫 陳春木	友廿七卷四	57.2
301	文瀾	七絕尤韻	陳志淵 楊乃胡	陳自軒 蘇柳汀	友廿七卷四	57.2
302	小港漁歌	七律青韻	陳月樵 高文淵	丁鏡湖 陳月樵	友廿七卷四	57.2
303	蟻陣	五律陽韻	劉聲濤 丁鏡湖	蔡伯樑 陳月樵	友廿七卷四	57.2
304	良緣	七律先韻	陳月樵 鮑樑臣 王隆遜	高文淵 洪月嬌 陳月樵	友廿七卷四	57.2

題次	詩　題	格　律	左右詞宗	左右元	期　刊	年月
305	旗後礮臺弔古	七律寒韻	張蒲園 丁鏡湖	鮑樑臣 丁鏡湖	友廿七卷五	57.3
306	秋窗聽雨	五律眞韻	呂筆 吳光博	劉聲濤 李清泉	友廿七卷五	57.3
307	月鈎	七絕魚韻	鮑樑臣 李清泉	丁鏡湖 劉聲濤	友廿七卷五	57.3
308	金獅湖賞月	七律庚韻	陳月樵 丁鏡湖	高文淵 施子卿	友廿七卷六	57.4
309	壽山公園夜望	七律齊韻	陳月樵 呂筆	丁鏡湖 張蒲園	友廿七卷六	57.4
310	秋聲	五律尤韻	丁鏡湖 洪月嬌	呂筆 吳光博	友廿七卷六	57.4
311	茉根香	七律灰韻	陳月樵 鮑樑臣	高文淵 劉聲濤	友廿八卷一	57.5
312	盆蘭	七絕元韻	劉聲濤 李清泉	許成章 林欽貴	友廿八卷一	57.5
313	擁爐	七律陽韻	陳月樵 施子卿	高文淵 林欽貴	友廿八卷二	57.6
314	負暄	五律豪韻	高文淵 林欽貴	丁鏡湖 蔡伯樑	友廿八卷二	57.6
315	送炭	七律文韻	陳月樵 丁鏡湖	高文淵 陳月樵	友廿八卷三	57.7
316	雪山	七絕覃韻	丁鏡湖 蔡伯樑	施子卿 林欽貴	友廿八卷三	57.7
317	元宵燈	七律東韻	許成章 李清泉	李清泉 林欽貴	友廿八卷四	57.8
318	試新秔	七絕眞韻	高文淵 林欽貴	施子卿 陳紫亭	友廿八卷四	57.8
319	吹春	七律侵韻	陳月樵 許成章	李清泉 高文淵	友廿八卷五	57.9
320	元日槐園雅集	五律東韻	王隆遜 施子卿	許成章 陳月樵	友廿八卷六	57.9

題次	詩　題	格　律	左右詞宗	左右元	期　刊	年月
321	元亨寺曉鐘	七律微韻	高雲鶴 高文淵	呂筆 許成章	友廿八卷六	57.10
322	醉重陽	七律麻韻	洪寶昆 陳月樵 鮑樑臣	劉聲濤 許成章 高雲鶴	友廿八卷六	57.10
323	臥雲莊賞春	七律支韻	蔡澄玉 高雲鶴	李清泉 陳自軒	友廿九卷一	57.11
324	勗未齋題壁	七律魚韻	高文淵 李清泉	李清泉 丁鏡湖	友廿九卷一	57.11
325	壽山拾翠	七律歌韻	王隆遜 丁鏡湖	王條順 蔡澄玉	友廿九卷二	57.12
326	柳絲	五律齊韻	李清泉 陳自軒	洪月嬌 蘇柳汀	友廿九卷二	57.12
327	鶯聲老	五律虞韻	丁鏡湖 林靜遠	鮑樑臣 高文淵	友廿九卷二	57.12
328	半屏多曉	七律支韻	林嘯鯤 陳可亭	林玉青 施子卿	友廿九卷三	58.1
329	醉菊	七絕東韻	劉順安 周椅楠	丁鏡湖 呂筆	友廿九卷三	58.1
330	亞聖誕辰書懷	七律刪韻	鮑樑臣 蘇柳汀	高文淵 鮑樑臣	友廿九卷三	58.1
331	獅湖橋晚眺	五律微韻	王隆遜 高文淵	許成章 王隆遜	友廿九卷三	58.1
332	宜園小憩	七律庚韻	陳月樵 鮑樑臣	蔡伯樑 林欽貴	友廿九卷四	58.2
333	啖瓜	七絕鹽韻	丁鏡湖 許成章	陳月樵 蔡月華	友廿九卷四	58.2
334	壽峰詩社十五週年社慶	七律庚韻	陳月樵 高文淵	蘇柳汀 陳紫亭	友廿九卷五	58.3
335	詩味	七絕江韻	丁鏡湖 洪月嬌	洪月嬌 許成章	友廿九卷五	58.3
336	瑟琴聲	七律侵韻	陳月樵 王隆遜	王隆遜 高文淵	友廿九卷五	58.3

題次	詩　題	格　律	左右詞宗	左右元	期　刊	年月
337	客中七夕	七律尤韻	鮑樑臣 王隆遜	許成章 鮑樑臣	友廿九卷六	58.4
338	風雨同吟	五律侵韻	劉聲濤 林靜遠	高文淵 施子卿	友廿九卷六	58.4
339	適心亭品茗	五律侵韻	陳月樵 蔡伯樑	鮑樑臣 陳月樵	友廿九卷六	58.4
340	冬柳	調寄離亭燕	丁鏡湖 蔡月華	蘇柳汀 高雲鶴	友廿九卷六	58.4
341	詩瓢	七律支韻	施子卿 許成章	陳月樵 林靜遠	友三十卷一	58.5
342	桃李春	七絕鹽韻	洪月嬌 林欽貴	丁鏡湖 林靜遠	友三十卷一	58.5
343	槐園喬木喜 遷鶯	七律入句	陳月樵 鮑樑臣	洪月嬌 高文淵	友三十卷一	58.5
344	秋懷	七律蒸韻	許成章 林欽貴	高文淵 丁鏡湖	友三十卷二	58.6
345	讀秋聲賦	七律東韻	陳月樵 洪月嬌	丁鏡湖 劉聲濤	友三十卷三	58.7
346	伉儷車	七律元韻	丁鏡湖 呂筆	林靜遠 洪月嬌	友三十卷三	58.7
347	元旦試筆	七律東韻	陳月樵 高雲鶴	蔡月華 林欽貴	友三十卷四	58.8
348	菊影	五律蒸韻	鮑樑臣 高文淵	丁鏡湖 洪月嬌	友三十卷四	58.8
349	題遊赤壁圖	七律陽韻	高雲鶴 蘇柳汀	蘇柳汀 丁鏡湖	友三十卷五	58.9
350	寒蟬	七絕佳韻	洪月嬌 許成章	丁鏡湖 劉聲濤	友三十卷五	58.9
351	書畫室	七絕覃韻	王隆遜 呂筆	鄭溯南 劉聲濤	友三十卷五	58.9
352	龍門躍鯉	七律佳韻	劉聲濤 施子卿	丁鏡湖 蔡月華	友三十卷六	58.10

題次	詩 題	格 律	左右詞宗	左右元	期 刊	年月
353	補冬	七絕眞韻	劉聲濤 鄭溯南	許成章 呂筆	友三十卷六	58.10
354	水仙花	七律冬韻	王隆遜 蘇柳汀	李玉水 高文淵	友卅一卷一	58.11
355	畫月	七絕齊韻	施子卿 洪月嬌	呂筆 丁鏡湖	友卅一卷一	58.11
356	戊申中秋十月	五律豪韻	丁鏡湖 洪月嬌	呂筆 丁鏡湖	友卅一卷一	58.11
357	杜鵑花	七律微韻	王隆遜 林欽貴	丁鏡湖 高文淵	友卅一卷二	58.12
358	霜鬢	五律虞韻	許成章 蘇柳汀	施子卿 洪月嬌	友卅一卷二	58.12
359	國父誕辰懷大陸	五律魚韻	鄒滌暄 陳可亭	陳子波 呂筆	友卅一卷三	59.1
360	試冬裝	七絕齊韻	葉占梅 蔡元亨	劉聲濤 呂筆	友卅一卷三	59.1
361	東坡啖荔	七律虞韻	鮑樑臣 王獎卿	李玉林 王隆遜	友卅一卷三	59.1
362	女詩人	五律歌韻	高文淵 林玉青	蔡月華 高文淵	友卅一卷三	59.1
363	鳳梨汁	七絕歌韻	高文淵 林欽貴	王隆遜 劉聲濤	友卅一卷三	59.1
364	張翰思鱸	七律眞韻	施子卿 丁鏡湖	丁鏡湖 林欽貴	友卅一卷四	59.2
365	銀河	五律支韻	蔡玉修 王絛順	高文淵 王隆遜	友卅一卷四	59.2
366	壽詩	七律魚韻	王獎卿 王隆遜	林欽貴 蔡月華	友卅一卷五	59.3
367	壽峰	冠首	鮑樑臣 鄭溯南	陳紫亭 林欽貴	友卅一卷五	59.3
368	夜市	七絕咸韻	陳月樵 蘇柳汀	蘇柳汀 丁鏡湖	友卅一卷五	59.3

題次	詩　題	格　律	左右詞宗	左右元	期　刊	年月
369	含羞草	七律支韻	王隆遜 丁鏡湖	鮑樑臣 李玉水	友卅一卷六	59.4
370	春意	七絕歌韻	丁鏡湖 呂筆	陳月樵 蘇柳汀	友卅一卷六	59.4
371	酒舫	五律尤韻	丁鏡湖 林靜遠	鮑樑臣 王隆遜	友卅一卷六	59.4
372	淵明賞菊	七律灰韻	施子卿 丁鏡湖	高文淵 高文淵	友卅二卷一	59.5
373	綠川小憩	五律先韻	鮑樑臣 蔡伯樑	許成章 林欽貴	友卅二卷一	59.5
374	春秋閣避暑	五律齊韻	高文淵 丁鏡湖	鮑樑臣 鄭溯南	友卅二卷一	59.5
375	燈影	五律寒韻	黃才樹 蔡伯樑	劉聲濤 陳月樵	友卅二卷一	59.5
376	微塵	七絕齊韻	陳月樵 劉聲濤	高文淵 許成章	友卅二卷一	59.5
377	柴山春夢	七律陽韻	陳月樵 王條順	劉聲濤 林欽貴	友卅二卷二	59.6
378	春草	五律豪韻	陳基侯 陳月樵	高雲鶴 丁鏡湖	友卅二卷二	59.6
379	祝王顧問獎卿令次郎仁宏軍榮獲西德法學博士	七律不限韻	陳可亭 曾文新	丁鏡湖 鮑樑臣	友卅二卷二	59.6
380	涼味	七絕眞韻	施子卿 高文淵	蔡伯樑 黃才樹	友卅二卷二	59.6
381	蔡邕倒屣	七律齊韻	王隆遜 施子卿	許成章 洪月嬌	友卅二卷三	59.7
382	白衣送酒	七絕齊韻	蔡月華 高文淵	許成章 吳光博	友卅二卷三	59.7
383	冬至夜	七絕眞韻	丁鏡湖 蔡伯樑	吳光博 蔡月華	友卅二卷三	59.7
384	白傅聞琶	七律佳韻	王隆遜 丁鏡湖	林欽貴 高文淵	友卅二卷四	59.8

題次	詩 題	格 律	左右詞宗	左右元	期 刊	年月
385	花朝小集	五筆陽韻	王隆遜 丁鏡湖	丁鏡湖 許成章	友卅二卷四	59.8
386	宜園款客	七絕庚韻	鮑樑臣 蘇柳汀	丁鏡湖 蔡伯樑	友卅二卷四	59.8
387	楓葉	七絕微韻	洪寶昆 許成章	蘇柳汀 丁鏡湖	友卅二卷四	59.8
388	謝安賭聖	七律文韻	鮑樑臣 王隆遜	許成章 丁鏡湖	友卅二卷五	59.9
389	害群馬	五律青韻	陳月樵 丁鏡湖	呂筆 洪月嬌	友卅二卷五	59.9
390	歲暮讌	五律陽韻	王隆遜 黃焗墉	許成章 丁鏡湖	友卅二卷五	59.9
391	杖頭錢	七絕青韻	鮑樑臣 蘇柳汀	李玉林 林靜遠	友卅二卷五	59.9
392	桃花浪	七律江韻	丁鏡湖 劉聲濤	施子卿 李玉水	友卅二卷六	59.10
393	初雷	七絕豪韻	施子卿 林欽貴	丁鏡湖 蘇柳汀	友卅二卷六	59.10
394	煙景	七絕寒韻	王獎卿 鄭溯南	丁鏡湖 黃劍修	友卅二卷六	59.10
395	社慶飛觴	五律齊韻	丁鏡湖 許成章	蘇柳汀 鮑樑臣	友卅二卷六	59.10
396	儷影	五律刪韻	魏錦標 丁鏡湖	劉聲濤 鮑樑臣	友卅二卷六	59.10
397	年糕	七律庚韻	陳月樵 王獎卿	蘇柳汀 蔡伯樑	友卅二卷六	59.10
398	韓侯釣臺	七絕尤韻	蔡月華 吳光博	黃焗墉 林玉青	友卅三卷一	59.11
399	鳥語	七律寒韻	高文淵 丁鏡湖	鮑樑臣 劉聲濤	友卅三卷一	59.11
400	嫩葉	五律佳韻	黃劍修 林欽貴	林靜遠 丁鏡湖	友卅三卷一	59.11

題次	詩　題	格　律	左右詞宗	左右元	期　刊	年月
401	萬壽山仁愛河證明爲總統壽	七絕先韻	蔡伯樑 林靜遠	丁鏡湖 王隆遜	友卅三卷二	59.12
402	太白醉月	五排不限韻	梁寒操	林欽貴 蔡元亨	友卅三卷二	59.12
403	冒雨尋詩	七律元韻	陳月樵 丁鏡湖	高文淵 李清泉	友卅三卷二	59.12
404	春樹	五律魚韻	蔡月華 劉聲濤	林玉青 李玉水	友卅三卷二	59.12
405	紅玉桴鼓	七絕刪韻	高文淵 蘇柳汀	黃才樹 鄭溯南	友卅三卷三	60.1
406	春深	七律先韻	陳月樵 鮑樑臣	蘇柳汀 高文淵	友卅三卷三	60.1
407	壽讌	七絕先韻	丁鏡湖 許成章	林欽貴 許安石	友卅三卷三	60.1
408	蘇秦刺股	七律先韻	李步雲 張蒲園	黃劍修 王隆遜	友卅三卷四	60.2
409	薔薇	七律刪韻	陳月樵 施子卿	鮑樑臣 高文淵	友卅三卷四	60.2
410	花甲初周舉壽觴	七絕支韻	林欽貴 林靜遠	丁鏡湖 林玉青	友卅三卷四	60.2
411	仙草冰	七律入句	丁鏡湖 施子卿	張蒲園 蘇柳汀	友卅三卷四	60.2
412	中華民國開國六十誌慶	七絕文韻	高文淵 蘇柳汀	丁鏡湖 蔡月華	友卅三卷五	60.3
413	春日謁三鳳宮	七律蕭韻	蕭獻三 白劍瀾	白劍瀾 施子卿	友卅三卷五	60.3
414	庚戌端午書懷	七絕刪韻	王省三 李可讀	劉聲濤 丁鏡湖	友卅三卷五	60.3
415	怪石	七律蕭韻	李步雲 陳月樵	蔡玉修 丁鏡湖	友卅三卷五	60.3

題次	詩　題	格　律	左右詞宗	左右元	期　刊	年月
416	惜別	七絕元韻	鮑樑臣 蘇柳汀	蘇柳汀 鮑樑臣	友壯三卷五	60.3
417	白雲山房小酌	七絕微韻	李步雲 陳月樵	蔡玉修 許成章	友壯三卷五	60.3
418	浪花	七律青韻	王隆遜 鮑樑臣	丁鏡湖 蔡月華	友壯三卷五	60.3
419	萬壽山春望	七律齊韻	鮑樑臣 王隆遜	高文淵 洪月嬌	友壯三卷六	60.4
420	迎婦女節	七律鹽韻	李步雲 陳昌言	林玉青 施子卿	友壯三卷六	60.4
421	賈島推敲	七絕寒韻	黃光品 周椅楠	趙金來 吳伯華	友壯三卷六	60.4
422	笑談	七律看韻	鮑樑臣 施子卿	洪月嬌 高文淵	友壯三卷六	60.4
423	孝子心	五律魚韻	王隆遜 劉聲濤	許成章 蔡玉修	友壯三卷六	60.4
424	班姬詠扇	五律侵韻	丁鏡湖 林玉青	鮑樑臣 吳光博	友壯四卷一	60.5
425	市囂	七律豪韻	李步雲 陳月樵	高文淵 高雲鶴	友壯四卷一	60.5
426	七夕逢立秋	五律覃韻	鮑樑臣 劉聲濤	王隆遜 蔡伯樑	友壯四卷一	60.5
427	荷風	五律先韻	蔡月華 丁鏡湖	吳光博 林欽貴	友壯四卷一	60.5
428	王粲登樓	七絕寒韻	王隆遜 蔡伯樑	蔡月華 李玉林	友壯四卷二	60.6
429	祝教師節	七律歌韻	陳月樵 林欽貴	洪月嬌 鮑樑臣	友壯四卷二	60.6
430	賀壽山獅子會舉辦當代名家書畫展覽	七絕東韻	許成章 洪月嬌	丁鏡湖 許成章	友壯四卷二	60.6
431	秋訊	七律東韻	鮑樑臣 王隆遜	林欽貴 蔡伯樑	友壯四卷二	60.6

題次	詩　題	格　律	左右詞宗	左右元	期　刊	年月
432	秋雲	七絕侵韻	吳光博 林欽貴	李國勝 王隆遜	友卅四卷三	60.7
433	擘柑	五律麻韻	王隆遜 許成章	林靜遠 王隆遜	友卅四卷三	60.7
434	重九讌槐園	七絕肴韻	高文淵 鄭溯南	施子卿 劉聲濤	友卅四卷三	60.7
435	古梅	七絕東韻	陳可亭 陳子波	劉聲濤 丁鏡湖	友卅四卷四	60.8
436	秋山	五律陽韻	陳月樵 王隆遜	高文淵 洪月嬌	友卅四卷四	60.8
437	立冬即事	七絕江韻	施子卿 許成章	蔡伯樑 施子卿	友卅四卷四	60.8
438	月痕	五律歌韻	王條順 蔡伯樑	呂筆 鄭溯南	友卅四卷四	60.8
439	花朝頌	七絕咸韻	王隆遜 丁鏡湖	李玉林 洪月嬌	友卅四卷五	60.9
440	問春	七排庚韻	鮑樑臣 施子卿	高文淵 高文淵	友卅四卷五	60.9
441	松濤	七律蕭韻	蔡玉修 許成章	王條順 高文淵	友卅四卷五	60.9
442	紅薔薇映碧芭蕉	七絕支韻	楊乃胡 呂筆	鄭溯南 林靜遠	友卅四卷六	60.10
443	新柳	七律入句	鮑樑臣 王隆遜	高文淵 劉聲濤	友卅四卷六	60.10
444	春痕	五律眞韻	高文淵 王條順	鮑樑臣 蘇柳汀	友卅四卷六	60.10
445	金獅湖初夏	五律齊韻	鮑樑臣 王隆遜	林玉青 鮑樑臣	友卅五卷一	60.11
446	蕉陰	七律侵韻	張蒲園 丁鏡湖	丁鏡湖 林欽貴	友卅五卷一	60.11
447	湖橋觀釣	七絕多韻	高文淵 許成章	鄭溯南 林欽貴	友卅五卷一	60.11

題次	詩 題	格 律	左右詞宗	左右元	期 刊	年月
448	春郊漫步	七律蕭韻	王隆遜 施子卿	鮑樑臣 蔡月華	友卅五卷一	60.11
449	賞菊	七絕鹽韻	王隆遜 蘇柳汀	林玉青 林欽貴	友卅五卷一	60.12
450	鐵樹花	調寄蘇幕遮	劉聲濤 林靜遠	洪月嬌 高雲鶴	友卅五卷二	60.12
451	錢神	七律麻韻	鮑樑臣 王隆遜	丁鏡湖 林欽貴	友卅五卷二	60.12
452	惜春	五律佳韻	洪寶昆 丁鏡湖	李玉水 施子卿	友卅五卷二	60.12
453	社運	七絕陽韻	丁鏡湖 蘇柳汀	高雲鶴 丁鏡湖	友卅五卷三	61.1
454	生花筆	七律陽韻	陳月樵 鮑樑臣	丁鏡湖 吳光博	友卅五卷三	61.1
455	解慍風	五絕蒸韻	丁鏡湖 許成章	許成章 林靜遠	友卅五卷三	61.1
456	名落孫山	五律魚韻	鄭溯南 林欽貴	許成章 丁鏡湖	友卅五卷四	61.2
457	夏夜	七律庚韻	丁鏡湖 許成章	李玉水 洪月嬌	友卅五卷四	61.2
458	星河泛槎	五絕回文不限韻	鮑樑臣 施子卿	劉聲濤 林欽貴	友卅五卷五	61.3
459	熱浪	七律青韻	施子卿 丁鏡湖	陳自軒 高文淵	友卅五卷五	61.3
460	防颱	七絕豪韻	許成章 林靜遠	王隆遜 丁鏡湖	友卅五卷五	61.3
461	喜月華女史東遊歸來	七絕元韻	王隆遜 高文淵	高文淵 許成章	友卅五卷五	61.3
462	淵明撫松	七律東韻	陳月樵 鮑樑臣	丁鏡湖 林玉青	友卅五卷六	61.4
463	秋潮	七律蒸韻	鮑樑臣 高文淵	李國琳 呂筆	友卅五卷六	61.4

題次	詩　題	格　律	左右詞宗	左右元	期　刊	年月
464	迎秋	七絕虞韻	陳自軒 林欽貴	施子卿 洪月嬌	友聲五卷六	61.4
465	達摩面壁	五律陽韻	高文淵 蘇柳汀	陳自軒 林欽貴	友聲六卷一	61.5
466	月餅香	七律尤韻	丁鏡湖 許成章	林欽貴 高文淵	友聲六卷一	61.5
467	春日聯歡	七絕麻韻	王隆遜 林欽貴	許成章 呂筆	友聲六卷一	61.5
468	種竹	五律蒸韻	高文淵 洪月嬌	呂筆 蔡月華	友聲六卷一	61.5
469	陶侃運甓	五律寒韻	施子卿 洪月嬌	林欽貴 王隆遜	友聲六卷二	61.6
470	辛亥中秋槐園賞月	七律侵韻	陳子波 陳月樵	劉聲濤 高文淵	友聲六卷二	61.6
471	秋飲黃花酒	五律刪韻	高文淵 丁鏡湖	鮑樑臣 黃劍修	友聲六卷二	61.6
472	卿雲	五律陽韻	丁鏡湖 呂筆	李玉水 林欽貴	友聲六卷三	61.7
473	雨絲	七律尤韻	陳皆興 蔡元亨	周精金 王隆遜	友聲六卷三	61.7
474	王質觀奕	七絕青韻	周椅楠 黃光品	施子卿 呂筆	友聲六卷三	61.7
475	浩然踏雪	七律覃韻	王隆遜 劉聲濤	許成章 高文淵	友聲六卷四	61.8
476	冷雨	七律鹽韻	鮑樑臣 蘇柳汀	呂筆 黃劍修	友聲六卷四	61.8
477	觀布袋戲	七絕咸韻	高文淵 林靜遠	吳光博 王隆遜	友聲六卷四	61.8
478	子猷訪戴	七絕佳韻	許成章 林欽貴	吳光博 許成章	友聲六卷五	61.9
479	金錢花	七律咸韻	王隆遜 施子卿	洪月嬌 呂筆	友聲六卷五	61.9

題次	詩　題	格　律	左右詞宗	左右元	期　刊	年月
480	嫩寒	五律東韻	陳月樵 丁鏡湖	鮑樑臣 高文淵	友卅六卷五	61.9
481	子期聽琴	七律刪韻	王隆遜 蔡玉修	鮑樑臣 鄭溯南	友卅六卷六	61.10
482	醋海	七律江韻	陳可亭 陳子波	林玉青 林欽貴	友卅六卷六	61.10
483	梅影	七絕支韻	鮑樑臣 鄭溯南	洪月嬌 王隆遜	友卅六卷六	61.10
484	紅葉	五律佳韻	王隆遜 洪月嬌	洪月嬌 高文淵	友卅六卷六	61.10
485	杜牧尋春	五律歌韻	許成章 吳光博	蔡月華 林靜遠	友卅七卷一	61.11
486	老狀元	七律支韻	陳月樵 鮑樑臣	李玉水 蘇柳汀	友卅七卷一	61.11
487	獅山消夏	七絕尤韻	王隆遜 蘇柳汀	蘇柳汀 高文淵	友卅七卷一	61.11
488	志成百貨行華廈落成誌慶	七律先韻	施子卿 鄭溯南	高文淵 劉聲濤	友卅七卷一	61.11
489	嬉春	七律陽韻	鮑樑臣 王隆遜	施子卿 陳月樵	友卅七卷一	61.11
490	槐園九日書懷	五律寒韻	洪寶昆 呂筆	洪月嬌 蘇柳汀	友卅七卷二	61.12
491	孫登長嘯	七律魚韻	陳皆興 陳子波	施子卿 陳月樵	友卅七卷三	62.1
492	後彫松	七律佳韻	王隆遜 高文淵	高文淵 陳月樵	友卅七卷四	62.2
493	冬暖	五律虞韻	施子卿 許成章	陳月樵 蔡月華	友卅七卷四	62.2
494	王猛捫蝨	七絕東韻	高文淵 洪月嬌	吳光博 林欽貴	友卅七卷五	62.3

題次	詩　題	格　律	左右詞宗	左右元	期　刊	年月
495	冬蔬	七律灰韻	陳月樵 鮑樑臣	蔡月華 施子卿	友卅七卷五	62.3
496	八仙醉酒	七絕覃韻	吳光博 林欽貴	黃劍修 蔡月華	友卅七卷五	62.3
497	新年雜感	五律佳韻	施子卿 鄭溯南	高文淵 劉聲濤	友卅七卷六	62.4
498	吟旌	七絕灰韻	張水波 黃汝馨	施子卿 張蒲園	友卅七卷六	62.4
499	歲暮喜晴	七絕侵韻	蔡玉修 蘇柳汀	鄭溯南 林靜遠	友卅七卷六	62.4
500	春風面	七絕蕭韻	洪寶昆 邱和珍	黃汝馨 蔡月華	友卅七卷六	62.4
501	許由洗耳	七律文韻	鮑樑臣 許成章	蘇柳汀 蔡柏樑	友卅八卷一	62.5
502	王勃腹藁	七絕咸韻	陳月樵 鮑樑臣	丁鏡湖 蔡月華	友卅八卷一	62.5
503	春泛愛河	五律灰韻	施子卿 丁鏡湖	高文淵 鮑樑臣	友卅八卷一	62.5
504	春日對酒	七絕蕭韻	徐子蔚 張蒲園	鄭溯南 林欽貴	友卅八卷一	62.5
505	漁人問津	七律寒韻	鮑樑臣 施子卿	徐子蔚 丁鏡湖	友卅八卷二	62.6
506	買春	七絕虞韻	鄭溯南 林欽貴	高文淵 蘇柳汀	友卅八卷二	62.6
507	春秋閣春望	五律蕭韻	高文淵 許成章	鄭溯南 張蒲園	友卅八卷二	62.6
508	鼓岩初夏	七絕鹽韻	高文淵 劉聲濤	施子卿 黃祈全	友卅八卷三	62.7
509	幕春麗香堂 雅集	五律庚韻	張蒲園 鄭溯南	劉聲濤 陳自軒	友卅八卷三	62.7
510	莊周夢蝶	七律先韻	陳月樵 丁鏡湖	丁鏡湖 施子卿	友卅八卷三	62.7

題次	詩　題	格　律	左右詞宗	左右元	期　刊	年月
511	仁愛河泛舟	五律尤韻	蔡元亨 鄭玉波	蘇柳汀 宋偉凡	友卅八卷四	62.8
512	雲箋	七絕眞韻	黃光品 周椅楠	張簡樂場 李玉水	友卅八卷四	62.8
513	壽峰詩社二 十週年社慶	七律先韻	鮑樑臣 王獎卿	蔡玉修 黃劍修	友卅八卷四	62.8
514	百合花	五律元韻	施子卿 丁鏡湖	丁鏡湖 蘇柳汀	友卅八卷五	62.9
515	行素軒題壁	五律文韻	鮑樑臣 許成章	鄭溯南 林欽貴	友卅八卷五	62.9
516	環翠樓別墅 雅集	五律尤韻	王獎卿 鄭溯南	高文淵 丁鏡湖	友卅八卷六	62.10
517	適心亭賞雨	七絕刪韻	高文淵 丁鏡湖	丁鏡湖 高文淵	友卅八卷五	62.10
518	陳遵設轄	七律蕭韻	施子卿 丁鏡湖	蘇柳汀 高文淵	友卅八卷五	62.10
519	祝體育節	五律支韻	許成章 蔡柏樑	林靜遠 黃汝馨	友卅九卷一	62.11
520	奚囊	七絕看韻	陳月樵 蔡玉修	許成章 蔡柏樑	友卅九卷一	62.11
521	洗塵宴	七律先韻	蔡月華 洪月嬌	蘇柳汀 高文淵	友卅九卷一	62.11
522	七夕小集	五律刪韻	高文淵 丁鏡湖	鮑樑臣 黃劍修	友卅九卷二	62.12
523	九日憶槐園	七律歌韻	施子卿 蘇柳汀	丁鏡湖 高文淵	友卅九卷二	62.12
524	秋味	七絕江韻	丁鏡湖 林欽貴	鄭溯南 劉聲濤	友卅九卷二	62.12
525	金獅湖泛月	七律豪韻	施子卿 丁鏡湖	蔡柏樑 洪月嬌	友卅九卷三	63.1
526	小陽春雅集	七絕咸韻	高文淵 許成章	蔡玉修 蔡月華	友卅九卷三	63.1

題次	詩　題	格　律	左右詞宗	左右元	期　刊	年月
527	和靖妻梅	七律陽韻	丁鏡湖 蘇柳汀	高文淵 丁鏡湖	友卅九卷四	63.2
528	圓林多暖	七律肴韻	張蒲園 許成章	洪月嬌 高文淵	友卅九卷四	63.2
529	賀年卡	五律虞韻	丁鏡湖 洪月嬌	鄭溯南 高文淵	友卅九卷六	63.4
530	一錢看西施	五律肴韻	高文淵 蘇柳汀	劉聲濤 許成章	友四十卷一	63.5
531	賈島祭詩	七律庚韻	施子卿 許成章	高文淵 劉聲濤	友四十卷一	63.5
532	周郎顧田	七律蒸韻	丁鏡湖 許成章	高文淵 劉聲濤	友四十卷二	63.6
533	題古松	七絕眞韻	蔡月華 洪月嬌	許成章 林靜遠	友四十卷二	63.6
534	催花鼓	五律歌韻	劉聲濤 施子卿	高文淵 劉聲濤	友四十卷三	63.7
535	舊城煙雨	五律庚韻	鄭溯南 蘇柳汀	丁鏡湖 蔡月華	友四十卷三	63.7
536	恬逸軒雅集	五律豪韻	許成章 林靜遠	陳自軒 許成章	友四十卷三	63.7
537	春興	七律眞韻	施子卿 許成章	蘇柳汀 林靜遠	友四十卷三	63.7
538	秋青奪關	七律青韻	張蒲園 丁鏡湖	黃汝馨 鄭溯南	友四十卷三	63.7
539	壽山高	七律東韻	陳月樵 張蒲園	蘇柳汀 洪月嬌	友四十卷三	63.7
540	壽星輝潤園	五律先韻	陳月樵 鮑樑臣	陳自軒 林欽貴	友四十卷三	63.7
541	乳虎	七絕虞韻	許成章 陳自軒	施子卿 李國琳	友四十卷四	63.7
542	木棉花	五律麻韻	陳月樵 李樹春	高文淵 吳光博	友四十卷四	63.8

題次	詩 題	格 律	左右詞宗	左右元	期 刊	年月
543	蘭亭序帖	五律尤韻	陳月樵 施子卿	施子卿 蔡柏樑	友四十卷四	63.8
544	麗香堂餞春	五律麻韻	宋偉凡 施子卿	丁鏡湖 高文淵	友四十卷四	63.8
545	暮春謁文化院	七律灰韻	高文淵 林欽貴	施子卿 劉聲濤	友四十卷四	63.8
546	社慶頌	五律覃韻	鮑樑臣 王獎卿	高文淵 李玉水	友四十卷五	63.9
547	賈誼弔屈	七律覃韻	張蒲園 劉聲濤	鮑樑臣 施子卿	友四十卷五	63.9
548	催詩雨	五律庚韻	陳月樵 鮑樑臣	高文淵 施子卿	友四十卷五	63.9
549	問禪	七絕陽韻	高文淵 吳光博	蔡月華 高文淵	友四十卷五	63.9
550	國父建黨八十週年紀念	七律青韻	黃傳心 白劍瀾	黃啓隆 呂輝鳳	友四十卷六	63.10
551	崇仰孔子精神	七絕東韻	陳竹峰 陳紉香	黃少卿 羅朝海	友四十卷六	63.11
552	武聖頌	七律陽韻	鮑樑臣 施子卿	高文淵 洪月嬌	友四十卷六	63.11
553	向日葵	五律青韻	鮑樑臣 蘇柳汀	丁鏡湖 鮑樑臣	友四十卷六	63.11
554	虎頭鍘	七律寒韻	鮑樑臣 施子卿	高文淵 鮑樑臣	友四十卷六	63.11
555	夏日閒吟	七絕侵韻	劉聲濤 高文淵	高文淵 劉聲濤	友四十卷六	63.11
556	夏日賞荷	五律陽韻	丁鏡湖 呂筆	洪月嬌 高文淵	友四十卷六	63.11
557	雨珠	七絕眞韻	高文淵 蔡月華	劉聲濤 黃劍修	友四十卷六	63.11
558	七夕雨	七絕東韻	洪月嬌 丁鏡湖	高文淵 高文淵	友四十卷六	63.11

題次	詩　題	格　律	左右詞宗	左右元	期　刊	年月
559	立秋感作	七絕微韻	劉聲濤 高文淵	徐子蔚 洪月嬌	友四十卷六	63.11
560	錢弩射潮	七律鹽韻	王獎卿 丁鏡湖	洪月嬌 林欽貴	友四一卷一	63.12
561	秋霜	七絕江韻	高文淵 丁鏡湖	林欽貴 呂筆	友四一卷一	63.12
562	待月	七絕先韻	劉聲濤 施子卿	高文淵 丁鏡湖	友四一卷一	63.12
563	澄清寺即景	七絕青韻	張蒲園 呂筆	丁鏡湖 吳光博	友四一卷一	63.12
564	光復節登萬 壽山	七律陽韻	王國璠 白劍瀾	葉占梅 邱水謨	友四一卷二	64.1
565	響應十大建 設	七絕東韻	楊嘯天 張奎五	邱敦甫 鄭良富	友四一卷二	64.1
566	全國詩人聯 吟大會書感	七律侵韻	陳子波 王獎卿	高文淵 丁鏡湖	友四一卷二	64.1
567	環翠樓別墅 賞月	七律覃韻	王獎卿 許成章	蘇柳汀 丁鏡湖	友四一卷二	64.1
568	獅山晚眺	五律東韻	丁鏡湖 吳光博	劉聲濤 呂筆	友四一卷二	64.1
569	獅山冬曉	七絕先韻	宋偉凡 劉聲濤	劉聲濤 高文淵	友四一卷三	64.1
570	送吳光博社 友伉儷東遊	七律尤韻	王獎卿 許成章	蔡柏樑 林欽貴	友四一卷三	64.2
571	相思樹	五律蒸韻	許成章 洪月嬌	洪月嬌 高文淵	友四一卷三	64.2
572	白露	七絕齊韻	高文淵 蔡柏樑	劉聲濤 施子卿	友四一卷三	64.2
573	東坡生日	七律咸韻	施子卿 許成章	丁鏡湖 林欽貴	友四一卷四	64.3
574	文君當爐	七律鹽韻	丁鏡湖 呂筆	蔡月華 施子卿	友四一卷四	64.3

題次	詩　題	格　律	左右詞宗	左右元	期　刊	年月
575	壽峰詩社乙卯年展望	七律灰韻	蔡玉修 林欽貴	施子卿 王獎卿	友四一卷四	64.3
576	小陽細雨	五律先韻	劉聲濤 高文淵	蔡玉修 林欽貴	友四一卷四	64.3
577	論詩	七律魚韻	施子卿 許成章	蔡玉修 蔡柏樑	友四二卷二	64.7
578	出題難	七律微韻	丁鏡湖 蘇柳汀	李樹春 李清泉	友四二卷二	64.7
579	南國春深	五律麻韻	高文淵 丁鏡湖	洪月嬌 許成章	友四二卷二	64.7
580	蓮潭修楔	五律陽韻	施子卿 呂筆	高文淵 丁鏡湖	友四二卷二	64.7
581	夏日壽山遠望	七律先韻	陳子波 鄭玉波	林欽貴 林靜遠	友四二卷三	64.8
582	詩國	七絕虞韻	熊一鷗 黃光品	施子卿 鄭玉波	友四二卷三	64.8
583	展端陽	五律刪韻	施子卿 蔡玉修	洪月嬌 張蒲園	友四二卷三	64.8
584	指南針	七律虞韻	丁鏡湖 許成章	劉聲濤 丁鏡湖	友四二卷三	64.8
585	盲人評象	七律齊韻	劉聲濤 施子卿	高文淵 鄭溯南	友四二卷三	64.8
586	釣月	七絕江韻	高文淵 吳光博	施子卿 蔡玉修	友四二卷三	64.8
587	愛河初夏	七絕尤韻	張蒲園 高文淵	呂筆 丁鏡湖	友四二卷三	64.8
588	吳宮教戰	七律文韻	丁鏡湖 蘇柳汀	施子卿 鄭溯南	友四二卷四	64.10
589	以蠡測海	七律元韻	施子卿 林靜遠	陳光亮 丁鏡湖	友四二卷四	64.10
590	詩夢	七絕虞韻	高文淵 呂筆	洪月嬌 高文淵	友四二卷四	64.10

題次	詩　題	格　律	左右詞宗	左右元	期　刊	年月
591	酸筍	七絕虞韻	張蒲園 李樹春	許成章 呂筆	友四二卷四	64.10
592	延齡菊	七律蕭韻	張蒲園 施子卿	鄭溯南 陳光亮	友四二卷五	64.11
593	庾亮登樓	七律寒韻	丁鏡湖 許成章	劉聲濤 施子卿	友四二卷五	64.11
594	月是故鄉明	七律刪韻	陳光亮 林靜遠	高文淵 許成章	友四二卷五	64.11
595	眼光	七絕青韻	高文淵 許成章	劉聲濤 蘇柳汀	友四二卷五	64.11
596	醉秋	七絕鹽韻	劉聲濤 蘇柳汀	高文淵 呂筆	友四二卷五	64.11
597	環翠樓十六 夜月	五律尤韻	劉聲濤 高文淵	高文淵 丁鏡湖	友四三卷一	64.12
598	洞房月	七律庚韻	施子卿 呂筆	李清泉 高文淵	友四三卷二	65.1
599	子房進履	五律豪韻	施子卿 丁鏡湖	丁鏡湖 李玉水	友四三卷二	65.1
600	雙奪魁	五律江韻	施子卿 陳自軒	蔡月華 劉聲濤	友四三卷三	65.2
601	樂山樂水一 詩家	七律入句	劉聲濤 王獎卿	高文淵 許成章	友四三卷三	65.2
602	獅山訪隱	五律青韻	蔡月華 呂筆	高文淵 洪月嬌	友四三卷三	65.2
603	寒夜迎客	七律肴韻	劉聲濤 許成章	高文淵 陳光亮	友四三卷四	65.3
604	晶未齋輝一 壽星	七律入句	王獎卿 蘇柳汀	李玉水 高文淵	友四三卷四	65.3
605	祝金婚詩畫 展	七律陽韻	王獎卿 許成章	丁鏡湖 蔡月華	友四三卷四	65.3
606	彩筆	七律歌韻	陳皆興 施子卿	宋偉凡 王獎卿	友四三卷四	65.3

題次	詩　題	格　律	左右詞宗	左右元	期　刊	年月
607	袁安臥雪	七律齋韻	許成章 呂筆	蘇柳汀 曾學行	友四三卷四	65.3
608	寓園松韻	七絕蕭韻	劉聲濤 曾學行	高文淵 施子卿	友四三卷四	65.3
609	擁被吟	七絕寒韻	高文淵 洪月嬌	鄭溯南 高文淵	友四三卷四	65.3
610	凍筆	七絕冬韻	高文淵 鄭溯南	劉聲濤 曾學行	友四三卷四	65.3
611	太公釣渭	七律庚韻	張蒲園 陳月樵	施子卿 劉聲濤	友四三卷五	65.4
612	龍吟	七絕蕭韻	王獎卿 宋偉凡	劉聲濤 林靜遠	友四三卷五	65.4
613	碧山品茗	七律蒸韻	施子卿 林靜遠	丁鏡湖 蔡月華	友四三卷五	65.4
614	蓮纖雨	七絕陽韻	王清斌 劉聲濤	丁鏡湖 高文淵	友四三卷五	65.4
615	祝麗香堂新 廠落成	七律尤韻	王獎卿 許成章	丁鏡湖 高文淵	友四三卷六	65.5
616	春滿麗香堂	五律陽韻	高文淵 丁鏡湖	丁鏡湖 李清泉	友四三卷六	65.5
617	醉東風	七律侵韻	陳光亮 施子卿	吳光博 曾學行	友四四卷一	65.6
618	花魂	七絕冬韻	丁鏡湖 李清泉	陳光亮 蔡玉修	友四四卷一	65.6
619	臥雲莊春望	七絕蕭韻	高文淵 蔡玉修	丁鏡湖 陳自軒	友四四卷一	65.6
620	穿簾燕	七律咸韻韻	高文淵 呂筆	施子卿 蔡月華	友四四卷二	65.7
621	海邊風	七律鹽韻	施子卿 許成章	林欽賢 陳自軒	友四四卷二	65.7
622	麗園即景	七絕元韻	丁鏡湖 陳自軒	施子卿 李清泉	友四四卷二	65.7

題次	詩　題	格　律	左右詞宗	左右元	期　刊	年月
623	松下對弈	七律灰韻	劉聲濤 洪月嬌	高文淵 蔡月華	友四四卷二	65.7
624	佛燈	七絕蕭韻	施子卿 李清泉	劉聲濤 洪月嬌	友四四卷二	65.7
625	科名草	七絕覃韻	丁鏡湖 蘇柳汀	蘇柳汀 蔡月華	友四四卷三	65.8
626	鉢韻鏗鏘振 壽峰	五律入句\	王獎卿 劉聲濤	林欽賢 高文淵	友四四卷三	65.8
627	文光	七絕庚韻	林玉青 高文淵	蘇柳汀 曾學行	友四四卷三	65.8
628	詩人節懷古	七律東韻	丁鏡湖 蘇柳汀	高文淵 林欽貴	友四四卷三	65.8
629	鄭俠呈圖	七律微韻	劉聲濤 丁鏡湖	高文淵 蘇柳汀	友四四卷四	65.9
630	睡蓮曉起	七律支韻	高文淵 蘇柳汀	丁鏡湖 李玉水	友四四卷四	65.9
631	雨夜懷人	七律江韻	施子卿 許成章	蔡月華 丁鏡湖	友四四卷四	65.9
632	雨後斜陽	七絕尤韻	劉聲濤 蘇柳汀	丁鏡湖 李玉水	友四四卷四	65.9
633	熱風	七絕眞韻	黃雄 施子卿	林欽貴 丁鏡湖	友四四卷四	65.9
634	心燈	七絕灰韻	丁鏡湖 李清泉	施子卿 蘇柳汀	友四四卷四	65.9
635	題懷萱室	七律魚韻	許成章 林欽貴	蘇柳汀 劉聲濤	友四四卷五	65.10
636	自題肖像	七律虞韻	王獎卿 高文淵	洪月嬌 蘇柳汀	友四四卷五	65.10
637	題八駿圖	七律齊韻	王大賞 施子卿	洪月嬌 張蒲園	友四四卷五	65.10
638	扇影	七絕元韻	丁鏡湖 宋偉凡	蔡月華 高文淵	友四四卷五	65.10

題次	詩 題	格 律	左右詞宗	左右元	期 刊	年月
639	詩債	七覺蕭韻	劉聲濤 丁鏡湖	高文淵 王獎卿	友四四卷五	65.10
640	父親節書感	五律歌韻	高文淵 蘇柳汀	劉聲濤 丁鏡湖	友四四卷五	65.10
641	傳統詩	七律覃韻	陳皆興 陳子波	陳子波 張蒲園	友四四卷六	65.11
642	高港泛月	七絕陽韻	周椅楠 鄭玉波	高文淵 林欽賢	友四四卷六	65.11
643	夢遊月殿	七律佳韻	丁鏡湖 蘇柳汀	施子卿 劉聲濤	友四四卷六	65.11
644	閨中秋	七律灰韻	劉聲濤 施子卿	丁鏡湖 蘇柳汀	友四四卷六	65.11
645	秋情	七絕寒韻	蔡玉修 鄭溯南	施子卿 劉聲濤	友四四卷六	65.11
646	魁儡	七絕刪韻	王清斌 高文淵	蔡玉修 鄭溯南	友四四卷六	65.11
647	三及第	七絕冬韻	高文淵 丁鏡湖	劉聲濤 鄭溯南	友四五卷一	65.12
648	九日登獅山	七律眞韻	劉聲濤 蘇柳汀	高文淵 許成章	友四五卷一	65.12
649	秋悟	七絕豪韻	劉聲濤 施子卿	高文淵 丁鏡湖	友四五卷一	65.12
650	禿筆	七律文韻	高文淵 丁鏡湖	劉聲濤 張蒲園	友四五卷三	66.2
651	已涼天氣未寒時	七絕入句	劉聲濤 鄭溯南	施子卿 丁鏡湖	友四五卷三	66.2
652	醉吟	七絕蒸韻	洪月嬌 蘇柳汀	高文淵 丁鏡湖	友四五卷三	66.2
653	梅訊	七絕覃韻	施子卿 丁鏡湖	蘇柳汀 洪月嬌	友四五卷三	66.2
654	碧山莊消寒	七律寒韻	劉聲濤 丁鏡湖	高文淵 蘇柳汀	友四五卷五	66.4

題次	詩　題	格　律	左右詞宗	左右元	期　刊	年月
655	香山結社	七律元韻	張蒲園 施子卿	劉聲濤 丁鏡湖	友四五卷五	66.4
656	賞牡丹	七絕東韻	高文淵 丁鏡湖	徐子蔚 施子卿	友四五卷五	66.4
657	冬郊	七絕蕭韻	施子卿 徐子蔚	高文淵 林欽貴	友四五卷五	66.4
658	臘月逢立春	七絕豪韻	高文淵 林欽貴	劉聲濤 丁鏡湖	友四五卷五	66.4
659	恬逸軒幽隔市塵	七律入句	王獎卿 高文淵	曾學行 洪月嬌	友四五卷六	66.5
660	題高青邱詩集	七律刪韻	施子卿 丁鏡湖	李清泉 呂輝鳳	友四五卷六	66.5
661	壽花	七律蕭韻	許成章 蘇柳汀	洪月嬌 高文淵	友四六卷一	66.6
662	恬逸軒春嚈	五律歌韻	劉聲濤 丁鏡湖	高文淵 施子卿	友四六卷一	66.6
663	春鶯	五律咸韻	高文淵 施子卿	丁鏡湖 蘇柳汀	友四六卷一	66.6
664	臥薪嚐膽	七律陽韻	丁鏡湖 蘇柳汀	洪月嬌 李玉水	友四六卷二	66.7
665	廿四年來發正聲	七律庚韻	劉聲濤 許成章	高文淵 蘇柳汀	友四六卷二	66.7
666	午時水	七絕蕭韻	高文淵 洪月嬌	林靜遠 高文淵	友四六卷二	66.7
667	聽雨	七絕微韻	劉聲濤 高文淵	高文淵 洪月嬌	友四六卷二	66.7
668	木蘭從軍	七律看韻	劉聲濤 許成章	蔡玉修 高文淵	友四六卷三	66.8
669	禰衡撾鼓	七律豪韻	高文淵 丁鏡湖	丁鏡湖 高文淵	友四六卷二	66.8
670	桃花	七絕青韻	丁鏡湖 蘇柳汀	張蒲園 林靜遠	友四六卷二	66.8

題次	詩　題	格　律	左右詞宗	左右元	期　刊	年月
671	初夏小集	七絕蒸韻	洪月嬌 吳光博	高文淵 劉聲濤	友四六卷二	66.8
672	雨後聽蛙	七絕文韻	鄭溯南 蘇柳汀	高文淵 林欽貴	友四六卷二	66.
673	苦熱	七絕先韻	高文淵 林靜遠	劉聲濤 蘇柳汀	友四六卷二	66.
674	獅湖夜色	七律燕韻	劉聲濤 丁鏡湖	林欽貴 吳光博	友四六卷二	66.
675	尊重人權	七律尤韻	張蒲園 王獎卿	丁鏡湖 李玉水	友四六卷二	66.
676	恥將溫暖限家庭	七律入句	許成章 徐子蔚	徐子蔚 蘇柳汀	友四六卷二	66.
677	賽洛瑪風災	七律侵韻	王獎卿 曾學行	盧履端 李清泉	友四七卷一	66.12
678	重興文運	七律覃韻	張蒲園 呂筆	陳自軒 高文淵	友四七卷一	66.12
679	鄉夢	七絕佳韻	高文淵 林欽貴	洪月嬌 許成章	友四七卷一	66.12
680	中秋節小集	七絕眞韻	高文淵 蘇柳汀	林欽貴 林欽貴	友四七卷一	66.12
681	涼宵	七絕刪韻	許成章 洪月嬌	蘇柳汀 高文淵	友四七卷一	66.12
682	老詩人	七律東韻	張蒲園 蔡玉修	丁鏡湖 高文淵	中二八〇期	67.3
683	適心亭壽讌	七絕眞韻	丁鏡湖 蘇柳汀	李玉水 丁鏡湖	中二八〇期	67.3
684	重陽節後更思親	七絕入句	丁鏡湖 林欽貴	李清泉 丁鏡湖	中二八〇期	67.3
685	騷壇奪魁	七律咸韻	王清斌 蘇柳汀	李清泉 丁鏡湖	中二八〇期	67.3
686	小陽春舉合歡杯	七律入句	張蒲園 鄭溯南	石泉生 蘇柳汀	中二八〇期	67.4

題次	詩　題	格　律	左右詞宗	左右元	期　刊	年月
687	梅花頌	五律江韻	李清泉 林靜遠	丁鏡湖 林鳳珠	中二八〇期	67.4
688	梅粧	七律支韻	高文淵 曾學行	吳光博 丁鏡湖	中二八一期	67.6
689	古硯	七絕青韻	高文淵 許成章	許成章 盧履端	中二八一期	67.6
690	擁戴蔣經國先生競選第六任總統	七律陽韻	陳皆興 鄭玉波	周椅楠 李勝彥	中二八三期	67.6
691	冬雨	七絕冬韻	陳子波 李勝彥	高文淵 洪月嬌	中二八三期	67.6
692	歲暮麗春堂小酌	七律微韻	丁鏡湖 吳光博	盧履端 呂筆	中二八三期	67.7
693	春訊	七絕陽韻	張蒲園 高文淵	林鳳珠 洪月嬌	中二八三期	67.7
694	春日懷友	七律魚韻	張蒲園 許成章	高文淵 丁鏡湖	中二八四期	67.9
695	海門春日	七絕鹽韻	林玉青 洪月嬌	李清泉 高文淵	中二八四期	67.9
696	文化院五週年誌盛	七律支韻	蔡元亨 李勝彥	丁鏡湖 高文淵	中二八六期	67.9
697	鷥音醒世	七絕魚韻	魏金鐘 宋義勇	李勝彥 蘇柳汀	中二八六期	67.9
698	學足三餘	五律冬韻	許成章 洪月嬌	高文淵 林欽貴	中二八六期	67.9
699	優孟衣冠	七律鹽韻	高文淵 許成章	蔡月華 盧履端	中二八六期	67.9
700	友情	七絕豪韻	丁鏡湖 李清泉	許成章 丁鏡湖	中二八六期	67.9
701	功狗	五律支韻	高文淵 丁鏡湖	洪月嬌 高文淵	中二八六期	67.9

題次	詩　題	格　律	左右詞宗	左右元	期　刊	年月
702	沙鷗	七絕刪韻	蘇柳汀 林欽貴	張蒲園 高文淵	中二八六期	67.9
703	指尖	七絕陽韻	高文淵 丁鏡湖	盧履端 高文淵	中二八七期	67.10
704	預祝高雄市 升格院轄市	七律刪韻	王清斌 周椅楠	高香蟾 呂輝鳳	中二八九期	68.2
705	乞梅	七絕庚韻	黃光品 朱鶴翔	丁鏡湖 林鳳珠	中二八九期	68.2
706	椿蔭	七律陽韻	王清斌 高文淵	丁鏡湖 鄭溯南	中二九〇期	68.3
707	探梅	七絕先韻	丁鏡湖 陳自軒	蘇柳汀 許成章	中二九〇期	68.3
708	馬上尋詩	七律虞韻	許成章 鄭溯南	丁鏡湖 高文淵	中二九一期	68.4
709	舊城春色	七絕眞韻	高文淵 李清泉	鄭溯南 許成章	中二九一期	68.4
710	一犁春雨	七絕齊韻	高文淵 丁鏡湖	丁鏡湖 盧履端	中二九二期	68.5
711	酒債	七絕覃韻	許成章 鄭溯南	高文淵 李玉水	中二九二期	68.5
712	戊午社慶	七律文韻	丁鏡湖 許成章	呂筆 丁鏡湖	中二九三期	68.6
713	學海	七絕微韻	高文淵 陳自軒	洪月嬌 呂筆	中二九三期	68.6
714	暗渡陳倉	七律眞韻	高文淵 林靜遠	張蒲園 丁鏡湖	中二九四期	68.7
715	茶煙	七絕魚韻	丁鏡湖 李清泉	高文淵 陳自軒	中二九四期	68.7
716	壽山避暑	七律元韻	高文淵 李清泉	蔡月華 李玉水	中二九六期	68.9
717	雨後登山	七律先韻	李樹春 丁鏡湖	丁鏡湖 李玉林	中二九七期	68.10

題次	詩　題	格　律	左右詞宗	左右元	期　刊	年月
718	雨意	七絕肴韻	丁鏡湖 呂筆	洪月嬌 陳自軒	中二九七期	68.10
719	夏日曉行	七絕蕭韻	洪月嬌 呂筆	高文淵 李玉水	中二九九期	68.12
720	菊花天	七律肴韻	高文淵 李樹春	林鳳珠 李清泉	中二九九期	68.12
721	高雄升格院 轄市之慶	七律齊韻	高泰山 李可讀	邱水謨 李勝彥	中三〇〇期	68.12
722	西子灣避暑	七絕蕭韻	陳紉香 陳焙焜	蔡元亨 詹昭華	中三〇〇期	69.1
723	倦遊	七律刪韻	蘇柳汀 李玉水	高文淵 許成章	中三〇〇期	69.1
724	詩心	七律蕭韻	林靜遠 呂筆	林欽貴 蘇柳汀	中三〇〇期	69.1
725	壽山秋色	七絕覃韻	高文淵 蘇柳汀 黃火盛	蘇柳汀 李清泉 李清泉	中三〇一期	69.2
726	趨炎客	七絕陽韻	高文淵 李玉水	丁鏡湖 呂筆	中三〇一期	69.2
727	軍魂	七絕歌韻	蘇柳汀 李清泉	洪月嬌 陳自軒	中三〇二期	69.3
728	新秋	七絕文韻	洪月嬌 陳自軒	高文湖 蘇柳汀	中三〇二期	69.3
729	新荷出水	七律寒韻	許成章 陳自軒	蘇柳汀 吳光博	中三〇三期	69.4
730	藻繪江山	七律刪韻	王清斌 王天賞	丁鏡湖 李玉水	中三〇四期	69.5
731	春遊左營	七絕東韻	高文淵 丁鏡湖	林欽貴 林鳳珠	中三〇四期	69.5
732	耽詩	七絕陽韻	高文淵 李玉水	張蒲園 林鳳珠	中三〇五期	69.6

題次	詩　題	格　律	左右詞宗	左右元	期　刊	年月
733	茶壺	七絕冬韻	李清泉 李玉水	吳光博 蘇柳汀	中三〇七期	69.8
734	初夏遣興	七律陽韻	陳春木 李玉水	李玉水 許成章	中三〇九期	69.10
735	雨後蟬聲	七絕文韻	高文淵 蘇柳汀	李玉水 李清泉	中三〇九期	69.10
736	壽峰旗鼓壯東南	七律入韻	張蒲園 王獎卿	呂筆 洪月嬌	中三一九期	70.8
737	榴火	七絕虞韻	黃汝馨 黃祈全	高文淵 黃汝馨	中三一九期	70.8
738	新陶芳雅集	七絕東韻	黃火盛 郭淵如	黃祈全 林鳳珠	中三二二期	70.11
739	六一感賦	七律支韻	未設詞宗	收到為序	中三二七期	71.4
740	天寒歲暮	七絕陽韻	林欽貴 許誠俊	林欽貴 許誠俊	中三二八期	71.5
741	仁者壽	七律眞韻	高文淵 蘇柳汀	高文淵 蘇柳汀	中三二八期	71.5
742	人日雅集	七絕江韻	蔡月華 李玉水	蔡月華 李玉水	中三二八期	71.5
743	歲迎壬戌	五律蒸韻	呂筆 李彬	呂筆 李彬	中三二八期	71.5
744	春在壽山	五律侵韻	丁鏡湖 呂筆	蘇柳汀 高文淵	中三二九期	71.6
745	春田	七絕齊韻	蔡月華 李玉水	高文淵 丁鏡湖	中三二九期	71.6
746	功在詩教	七律東韻	蔡玉修 呂筆	陳春木 丁鏡湖	中三三一期	71.8
747	茶杯	七絕眞韻	林欽貴 劉福麟	丁鏡湖 呂筆	中三三一期	71.8
748	題環翠樓續集	七律庚韻	王獎卿 曾人口	盧履端 李玉水	中三三三期	71.10
749	竹屋	七絕眞韻	李彬 李玉水	林鳳珠 呂筆	中三三三期	71.10

題次	詩　題	格　律	左右詞宗	左右元	期　刊	年月
750	慶祝壽峰詩社創立卅週年雅集	七律尤韻	郭茂松 黃秀峰	陳輝玉 蔡策勳	中三三九期	72.4
751	慶祝王獎卿先生八秩雙慶	七律不限韻	陳皆興 張達修	張達修 莊幼岳	中三三九期	72.4
752	菊觴	七絕麻韻	黃祉齋 陳榮岠	林欽貴 施少峰	中三三九期	72.4
753	烟斗	五律支韻	高文淵 許成章	蔡月華 林欽貴	中三四八期	73.1
754	秋心	七絕元韻	李彬 林靜遠	陳春木 吳曼珪	中三四八期	73.1
755	壽山多曉	五律佳韻	高文淵 林靜遠	鄭溯南 李玉水	中三五四期	73.7
756	臭豆腐	七律齊韻	王天賞 高文淵	林欽貴 栗由思	中三五四期	73.7
757	春郊漫步	七律仄韻	王獎卿 丁鏡湖	呂筆 李玉水	中三五四期	73.7
758	春雨	七絕麻韻	栗由思 李玉水	李清泉 林欽貴	中三五四期	73.7
759	東山再起	七律尤韻	張蒲園 王天賞	高文淵 劉萬芳	中三五七期	73.10
760	翰墨香	七絕尤韻	高文淵 李玉水	李玉水 林鳳珠	中三五七期	73.10
761	壽峰詩社卅二週年社慶	七絕陽韻	李玉水 林鳳珠	劉福麟 李玉林	中三五七期	73.10
762	詩心	五律庚韻	鄭金鈴 呂筆	劉福麟 陳自軒	中三五七期	73.10
763	桂花香	七絕齊韻	高文淵 栗由思	呂輝鳳 林靜遠	中三六二期	74.3
764	壽山秋色	五律蒸韻	丁鏡湖 林欽貴	李玉水 丁鏡湖	中三六二期	74.3
765	雨聲	七絕微韻	林欽貴 林鳳珠	栗由思 陳坤城	中三六二期	74.3

題次	詩　題	格　律	左右詞宗	左右元	期　刊	年月
766	鳳儀亭	七律文韻	王天賞 高文淵	李玉水 林欽貴	中三六三期	74.4
767	啖枇杷	七絕覃韻	粟由思 李玉水	丁鏡湖 高文淵	中三六三期	74.4
768	遊子身上衣	七絕青韻	李清泉 林欽貴	李玉水 呂筆	中三六四期	74.5
769	萱草	五律侵韻	丁鏡湖 呂筆	林欽貴 李彬	中三六四期	74.5
770	經濟犯	七絕東韻	高文淵 高去帆	陳世銘 宋偉凡	中三七三期	75.2
771	丙寅社慶	七律江韻	傅秋鏞 呂筆	陳春木 李勝彥	中三七五期	75.4
772	社慶迎賓	七絕覃韻	王天賞 刁抱石	陳春木 林鳳珠	中三七五期	75.4
773	讚彩繪大地	七絕虞韻	鄒霏驊 簡錦松	鄭金鈴 汪德畯	中三七八期	75.7
774	遊壽山動物園	七絕元韻	高文淵 宋偉凡	蔡啓文 劉欲啓	中三七八期	75.7
775	火傘	七絕支韻	林欽貴 李玉水	謝明仁 黃祈全	中三七九期	75.8
776	初夏遊蓮潭	五律多韻	鄭金鈴 謝明仁	謝明仁 呂筆	中三七九期	75.8
777	茶癖	七絕庚韻	呂輝鳳 李玉水	吳曼珪 蔡元亨	中三八一期	75.10
778	壽山秋集	七絕魚韻	高文淵 粟由思	李玉水 呂輝鳳	中三八一期	75.10
779	祝王天賞先生康復	七律先韻	王天賞 鄭金鈴	劉福麟 呂筆	中三八一期	75.11
780	溽暑望雨	五律支韻	陳自軒 林鳳珠	吳曼琳 陳楚賢	中三八二期	75.11
781	凱歌	七絕鹽韻	陳春木 林靜遠	蔡啓文 張彬彬	中三八二期	75.11

題次	詩 題	格 律	左右詞宗	左右元	期 刊	年月
782	秋宵泛愛河	七律微韻	劉福麟 林鳳珠	呂筆 劉福麟	中三八二期	75.11
783	尋花	七絕鹽韻	高文淵 陳自軒	謝明仁 李玉水	中三八二期	75.12
784	秋宵漫步	七律青韻	王天賞 陳自軒	李明璵 林欽貴	中三八三期	76.2
785	茶菓會	七絕眞韻	鄭金鈴 林欽貴	黃祈全 劉福麟	中三八五期	76.2
786	中秋後碧山賞月	五律蕭韻	蔡元亨 王清斌	林鳳珠 陳春木	中三八五期	76.2
787	梅鶴居秋集	七絕肴韻	呂筆 李玉林	栗由思 陳自軒	中三八五期	76.5
788	壽峰詩社卅五年週年社慶	七律東韻	莊幼岳 施文炳	陳進雄 李勝彥	中三八八期	76.6
789	青年節雄州修禊	五律江韻	傅秋鏞 施少峰	黃秘齋 李勝彥	中三八九期	76.6
790	喜愛河澄清	七絕陽韻	陳絪香 蔡中村	施小峰 李勝彥	中三八九期	76.6
791	華容道釋曹	七律九韻	鄭金鈴 李玉林	呂筆 劉福麟	中三八九期	76.6
792	採藥僧	五律肴韻	李彬 林鳳珠	栗由思 高文淵	中三八九期	76.6
793	劍影	七絕陽韻	高文淵 栗由思	林鳳珠 高文淵	中三八九期	76.6
794	咏秋	七絕眞韻	蘇柳汀 李玉林	李彬 李玉水	中三八九期	76.6
795	健身	七絕庚韻	林靜遠 呂輝鳳	林欽貴 鄭金鈴	中三八九期	76.6
796	招牌	七律虞韻	呂筆 李玉水	失名 林鳳珠	中三九〇期	76.7

題次	詩　題	格　律	左右詞宗	左右元	期　刊	年月
797	下暗棋	七絕肴韻	李玉林 林鳳珠	黃祈全 劉福麟	中三九〇期	76.7
798	春耕	五律仄韻	劉福麟 謝明仁	呂筆 陳春木	中三九一期	76.8
799	迎新詩人	七絕蕭韻	陳啓賢 徐子蔚	陳自軒 陳國華	中三九一期	76.8
800	子陵臺	五律文韻	丁鏡湖 呂筆	謝明仁 呂輝鳳	中三九二期	76.9
801	春郊遣興	七律佳韻	陳春木 栗由思	謝明仁 劉福麟	中三九二期	76.9
802	榴花	七絕東韻	陳春木 曾人口	呂輝鳳 李文雄	中三九二期	76.9
803	艷陽天	七絕庚韻	高文淵 林欽貴	鄭溯南 陳春木	中三九二期	76.9
804	壽嶺秋晴	七律東韻	高文淵 陳自軒	吳逢源 汪德晙	中三九四期	76.11
805	旗津晚渡	五律齊韻	劉福麟 林鳳珠	陳春木 栗由思	中三九五期	76.12
806	春滿壽山	五律歌韻	黃祈全 林鳳珠	曾翠柳 趙金來	中三九六期	77.1
807	梅雨期	七絕文韻	陳自軒 謝明仁	陳啓賢 呂筆	中三九六期	77.1
808	壽山避暑	七絕眞韻	陳春木 呂筆	呂筆 丁鏡湖	中三九六期	77.3
809	舞會	七絕覃韻	林靜遠 黃祈全	林欽貴 高文淵	中三九六期	77.3
810	秋籟	七絕支韻	李玉林 黃祈全	丁鏡湖 呂輝鳳	中三九六期	77.3
811	壽山步月	七律刪韻	高文淵 呂輝鳳	陳春木 陳自軒	中三九六期	77.3
812	歸寧	七律麻韻	黃秀豐 李茂鐘	鄭清泉 劉福麟	中三九九期	77.4

題次	詩　題	格　律	左右詞宗	左右元	期　刊	年月
813	曉烟	七律庚韻	李玉水 林鳳珠	呂筆 李玉林	中四〇二期	77.7
814	秋收圖	七律蕭韻	呂筆 林靜遠	林欽貴 呂筆	中四〇二期	77.8
815	牧童	五律肴韻	呂筆 林欽貴	張彬彬 李玉水	中四〇二期	77.8
816	電腦	七絕魚韻	陳啓賢 李玉林	鄭清泉 曹進雄	中四〇二期	77.8
817	小陽春雅集	七絕齊韻	陳自軒 黃祈全	曾人口 李玉林	中四〇二期	77.8
818	閒雲	七絕齊韻	鄭金鈴 呂筆	陳自軒 黃祈全	中四二一期	79.2
819	里程碑	五律支韻	黃大盛 左煥修	鄭清泉 張鵬揚	中四二二期	79.3
820	心花	七絕庚韻	林欽貴 李玉水	曾人口 黃啓隆	中四二二期	79.3
821	花賊	七律江韻	劉百鈞 黃祈全	左煥修 李玉水	中四二二期	79.3
822	梅雨	七絕微韻	劉福麟 謝明仁	李玉水 黃祈全	中四二二期	79.3
823	籬菊	七絕支韻	呂筆 林鳳珠	曾翠柳 李玉水	中四二二期	79.3
824	鸚遷喜值鳳來儀	七律入句	呂筆 陳輝玉	紀振聲 王廉	中四二八期	79.9
825	新婚讌	七絕肴韻	呂筆 陳輝玉	張彬彬 黃平山	中四二八期	79.9
826	暮秋	七絕先韻	曾人口 黃啓隆	張彬彬 謝明仁	中四二八期	79.9
827	炒地皮	五律多韻	趙金來 謝明仁	黃祈全 鄭清泉	中四二八期	79.9
828	清明節	七絕尤韻	高平 黃啓隆	顏昌言 蕭森嚴	中四二八期	79.9

題次	詩　題	格　律	左右詞宗	左右元	期　刊	年月
829	詩債	七絕刪韻	胡順隆 黃啓隆	劉福麟 謝明仁	中四二八期	79.9
830	染缸	七律微韻	陳啓賢 黃祈全	蔡啓文 黃啓隆	中四二八期	79.9
831	草色	七絕侵韻	謝明仁 林鳳珠	李玉林 黃啓隆	中四二八期	79.9
832	鱸魚正美	五律魚韻	呂筆 李玉林	張居地 呂筆	中四二八期	79.9
833	植樹	七律仄韻	林欽貴 胡順隆	謝明仁 謝明仁	中四二八期	79.9
834	張良散楚	五律尤韻	劉福麟 黃祈全	李玉林 失名	中四二八期	79.9
835	尋芳客	七律鹽韻	林欽貴 曾人口	陳世銘 高平	中四二八期	79.9
836	客中吟	五律覃韻	劉福麟 李玉水	胡順隆 謝明仁	中四二八期	79.9
837	市場口	七絕侵韻	陳自軒 曾人口	呂筆 李玉水	中四二八期	79.9
838	修孝德	七律先韻	呂筆 陳自軒	陳啓賢 蔡虎	中四二八期	79.9
839	新梅	七絕支韻	鄭金鈴 謝明仁	黃祈全 劉福麟	中四二九期	79.10
840	荔香	七絕多韻	黃啓隆 蘇崇宮	謝明仁 李玉水	中四二九期	79.10
841	早春	七絕元韻	栗由思 謝明仁	曾人口 曾翠柳	中四二九期	79.10
842	新年新希望	七律東韻	鄭金鈴 呂輝鳳	趙金來 鄭清泉	中四三〇期	79.11
843	雨中吟	五律支韻	劉福麟 黃啓隆	李玉水 謝明仁	中四三二期	80.1
844	酒興	七絕庚韻	鄭金鈴 謝明仁	鄭清泉 李玉水	中四三二期	80.1

題次	詩　題	格　律	左右詞宗	左右元	期　刊	年月
845	餞春	七絕蕭韻	蔡虎 李玉水	鄭金鈴 張彬彬	中四三五期	80.4
846	觀棋	七律江韻	黃祈全 鄭清泉	黃啓隆 周精金	中四三五期	80.4
847	戰鼓	七律齊韻	呂輝鳳 劉福麟	顏昌言 黃祈全	中四三七期	80.6
848	愛河談情	七絕佳韻	鄭清泉 謝明仁	劉福麟 劉福麟	中四三七期	80.6
849	樹下聽蟬	五律眞韻	鄭福麟 林鳳珠	張彬彬 黃啓隆	中四四〇期	80.9
850	參禪	七絕麻韻	栗由思 鄭清泉	鄭金鈴 黃啓隆	中四四〇期	80.9
851	春郊漫步	五律佳韻	呂筆 黃祈全	栗由思 鄭清泉	中四四二期	80.11
852	春日謁慈仁宮	七絕庚韻	林靜遠 林玉水	鄭清泉 林鳳珠	中四四二期	80.11
853	愛河逍暑	七絕寒韻	王昌辭 鄭清泉	陳啓賢 栗由思	中四四二期	80.11
854	春晴	五律刪韻	呂輝鳳 王昌辭	黃祈全 彭忠恕	中四四九期	81.6
855	久雨	七絕燕韻	劉福麟 李玉林	林鳳珠 林鳳珠	中四四九期	81.6
856	樓望	七絕庚韻	鄭清泉 黃祈全	謝明仁 劉福麟	中四五三期	81.10
857	夏夜吟聲	五律蕭韻	陳宇翔 劉福麟	黃祈全 黃祈全	中四五三期	81.10
858	壽峰詩社四十周年社慶	七律先韻	彭忠恕 黃祈全	陳宇翔 劉福麟	中四五六期	82.1
859	初夏	五絕微韻	李玉林 林鳳珠	鄭清泉 黃祈全	中四五六期	82.1
860	早梅	五絕豪韻	李玉水 鄭清泉	呂筆 李玉水	中四五九期	82.4

題次	詩　題	格　律	左右詞宗	左右元	期　刊	年月
861	初冬	七絕刪韻	劉福麟 陳啓賢	李玉水 林欽賢	中四五九期	82.4
862	春酒	七律歌韻	高平 陳世銘	李明興 李玉林	中四六三期	82.8
863	花朝	五絕東韻	孫志雄 鄭清泉	黃祈全 李玉林	中四六三期	82.8
864	秋涼	七律覃韻	李明泰 陳俊儒	戴星橋 戴星橋	台一期	83.11
865	菊酒飄香	七絕陽韻	黃大盛 柯慶逢	蔡秀雲 柯慶逢	台一期	83.11
866	書畫展	七律東韻	鄭金鈴 李玉林	呂筆 呂筆	台二期	84.1
867	選戰後有感	七絕灰韻	鄭清泉 謝明仁	謝明仁 劉福麟	台二期	84.1
868	預防地震	七律江韻	黃祈全 謝明仁	呂筆 李玉林	台四期	84.5
869	春茶	五絕微韻	劉福麟 陳世銘	趙金來 黃祈全	台四期	84.5
870	春夜邀飲	五律支韻	李玉林 李玉水	鄭清泉 劉福麟	台五期	84.7
871	觀酒	七絕鹽韻	黃祈全 趙金來	李玉林 林欽貴	台五期	84.7
872	古來聖賢皆寂寞	七律支韻	蔡元直 李丁紅	吳蘊輝 周希珍	台五期	84.7
873	愛河弔屈	五律不限韻	陳進雄 吳春景	王福祥 鄞耀南	台五期	84.7
874	冬暖	五律冬韻	劉福麟 李玉林	謝明仁 黃祈全	台六期	84.9
875	歲暮書懷	七絕眞韻	栗由思 陳世銘	陳世銘 孫志雄	台六期	84.9
876	鷗盟	七律麻韻	蔡秋金 李茂鐘	曾翠柳 劉福麟	台十三期	85.11

題次	詩　題	格　律	左右詞宗	左右元	期　刊	年月
877	鏖詩	七絕齊韻	姚植 陳俊儒	高去帆 李玉水	台十三期	85.11
878	夏曉漫步	五律灰韻	孫志雄 趙金來	楊淑娟 曹進雄	台十三期	85.11
879	薰風	七絕陽韻	林欽貴 黃祈全	陳啓賢 李玉水	台十三期	85.11
880	世局	七律眞韻	李餘慶 孫志雄	吳芳原 陳自軒	台十四期	86.1
881	洗暑雨	五絕先韻	陳啓賢 李玉水	李玉水 李餘慶	台十四期	86.1
882	春寒	七律佳韻	劉福麟 黃祈全	趙金來 孫志雄	台十四期	86.1
883	愛河煙柳	五絕肴韻	李玉水 謝明仁	林欽貴 黃祈全	台十四期	86.1
884	賀伯颱後有感	五律文韻	陳自軒 謝明仁	黃祈全 李玉林	台十四期	86.1
885	中元節	七絕陽韻	李玉林 李玉水	李玉水 李玉林	台十四期	86.1
886	祝李俊賢先生 莊雅惠小姐結婚誌慶	七律先韻	丁鏡湖 周希珍	林鳳珠 詹昭華	台十七期	86.7
887	琴瑟和鳴	七絕歌韻	詹昭華 陳俊儒	李茂鐘 黃祈全	台十七期	86.7
888	賞雪	五律先韻	鄭清泉 謝明仁	李玉水 陳世銘	台十七期	86.7
889	待重陽	七絕魚韻	李玉林 黃祈全	李玉水 劉福麟	台十七期	86.7
890	暴力	五律寒韻	謝明仁 林鳳珠	李玉水 李玉林	台十七期	86.7
891	光復節感懷	七絕侵韻	陳自軒 黃祈全	鄭金鈴 李玉水	台十七期	86.7
892	時局	七絕刪韻	劉福麟 李玉林	曹進雄 曹進雄	台十七期	86.7
893	掃黑	五絕多韻	李玉水	劉柏晏	台十七期	86.7

題次	詩　題	格　律	左右詞宗	左右元	期　刊	年月
			謝明仁	陳自軒		
894	鄉思	七絕寒韻	孫志雄 李玉水	吳芳原 陳世銘	台十七期	86.7
895	佛心	五律仄韻	李耆之 鄭清泉	鄭清泉 曾翠柳	台十七期	86.7
896	夙世良緣是比鄰	七律入句	紀振聲 曾人口	李玉水 黃坤語	台十八期	86.9
897	中秋後喜宴	七絕仄韻	林欽貴 柯慶瑞	黃坤語 曾人口	台十八期	86.9
898	愛河觀釣	七律豪韻	栗由思 謝明仁	趙金來 劉福麟	台十九期	86.11
899	壽峰懷舊	五絕蒸韻	陳啓賢 李玉林	張彬彬 劉福麟	台十九期	86.11
900	心理	龍尾格	陳自軒 劉福麟	呂筆 栗由思	台十九期	86.11
901	西子灣戲水	五律看韻	鄭金鈴 高平	黃輝智 陳楚賢	台十九期	86.11
902	聽雨	七絕侵韻	陳自軒 林欽貴	陳啓賢 曾人口	台十九期	86.11
903	風雨	六唱	黃祈全 林鳳珠	林鳳珠 呂筆	台十九期	86.11
904	文化沙漠化綠洲	五律不限韻	陳祖舜 鄧壁 吳素娥	洪慶鐘 黃坤語 吳素娥	台廿一期	87.3
905	社教館啓用二周年誌慶	七律多韻	蔡中村 洪玉璋	王命發 蕭颯	台廿一期	87.3
906	壽峰冬曉	七律陽韻	高平 林欽貴	栗由思 李明璂	台廿二期	87.5
907	待春節	五絕虞韻	陳自軒 洪水河	李明興 林欽貴	台廿二期	87.5
908	梅竹	三唱	鄭金鈴 栗由思	鄭清泉 沈慶宗	台廿二期	87.5
909	春雨催耕	五律庚韻	栗由思	陳啓賢	台廿二期	87.5

題次	詩　題	格　律	左右詞宗	左右元	期　刊	年月
			劉福麟	李玉水		
910	春集	七絕庚韻	李明璵 林欽貴	林欽貴 栗由思	台廿二期	87.5
911	春雨	四唱	鄭金鈴 鄭清泉	黃平山 李玉水	台廿二期	87.5
912	星夜聞簫	七律青韻	曾人口 陳啓賢	栗由思 張簡樂場	台廿四期	87.9
913	星夜	五唱	劉福麟 黃祈全	黃祈全 高平	台廿四期	87.9
914	春郊覓句	五律蒸韻	鄭金鈴 陳自軒	吳露芳 鄭金鈴	台廿四期	87.9
915	初夏雨	七絕庚韻	林欽貴 栗由思	陳自軒 林欽貴	台廿四期	87.9
916	遊賞	六唱	曾人口 高平	栗由思 曾人口	台廿四期	87.9
917	讀喜雨亭記	七律尤韻	林欽貴 曾人口	曾人口 林欽貴	台廿四期	87.9
918	閏端午	五絕支韻	陳自軒 李明璵	陳福裕 李玉水	台廿四期	87.9
919	文筆	七唱	栗由思 李玉水	陳楚賢 曾人口	台廿四期	87.9
920	冬日即事	七律冬韻	栗由思 劉福麟	林欽貴 謝明仁	台卅七期	87.12
921	冬日	鳶肩格	陳自軒 林欽貴	鄭清泉 李明璵	台卅七期	87.12
922	冬日書懷	七絕眞韻	洪水河	鄭清泉 栗由思	台卅九期	87.12
923	重整旗鼓	七律冬韻	鄭清泉 謝明仁	黃祈全 陳自軒	台卅九期	90.4
924	冬心	五絕齊韻	栗由思 陳啓賢	高平 黃坤語	台卅九期	90.4
925	旗鼓	三唱	孫志雄	黃祈全	台卅九期	90.4

題次	詩　題	格　律	左右詞宗	左右元	期　刊	年月
			洪水河	劉福麟		
926	春酒遣興	七律支韻	劉福麟 謝明仁	栗由思 曾人口	華一期	91.1
927	春心	五絕侵韻	鄭清泉 曹進雄	張彬彬 趙金來	華一期	91.1
928	春酒	五唱	栗由思 洪水河	劉福麟 曹進雄	華一期	91.1
929	滿園香氣	五絕微韻	陳自軒 趙金來	張彬彬 陳自軒	華一期	91.1
930	雨意	七絕陽韻	陳自軒 趙金來	林欽貴 黃祈全	華一期	91.1
931	香氣	六唱	劉福麟 鄭清泉	鄭清泉 林本原	華一期	91.1
932	芸窗雨聲	七律魚韻	陳自軒 謝明仁	劉福麟 鄭清泉	華二期	91.3
933	雨聲	七唱	鄭清泉 趙鍊	劉福麟 曾人口	華二期	91.3
934	賞夏	五絕覃韻	陳啓賢 黃祈全	曹進雄 陳自軒	華二期	91.3

附錄二　戰後高雄地區傳統詩紀事

西　元	對照年號	傳統詩紀事
1. 一九四六	民國三十五年	詩人王隆遜當選高雄市參議會議員。
		詩人王天賞（獎卿）因「國聲報」事件繫獄。
2. 一九五一	民國四十年	詩人陳皆興擔任台灣省臨時省議會首屆議員。
3. 一九五三	民國四十二年	王天賞王隆遜等人成立「壽峰詩社」。
		詩人陳春林去世。
4. 一九五四	民國四十三年	澎湖詩人陳春鵬遷居高雄、詩人、學者簡錦松出生。
5. 一九五七	民國四十六年	詩人陳皆興擔任高雄縣第三任縣長。
6. 一九五九	民國四十八年	詩人鄭坤五去世、遺著《九曲堂詩草》。
7. 一九六三	民國五十二年	詩人胡巨川定居高雄、《壽峰詩社詩集》出版。
8. 一九六六	民國五十五年	詩人董石福去世。
9. 一九七二	民國六十一年	黃火盛、龔天梓等人創立「林園詩社」。
10. 一九七三	民國六十二年	詩人王隆遜去世、遺著《王隆遜遺稿》、《槐園集》。

11. 一九七九	民國六十八年	高雄市改制、壽峰詩社社員成立「高雄市詩人聯誼會」首任會長王天賞、總幹事李清泉。
12. 一九八三	民國七十二年	高市文獻會出版《高雄市古今詩詞選》。
13. 一九八四	民國七十三年	「旗峰詩社」社長蕭乾源中風逝世，社務於茲沉寂。
14. 一九八八	民國七十七年	簡錦松創辦「高雄市傳統詩研究會」。
15. 一九八九	民國七十八年	王天賞等人成立「高雄市詩書畫學會」。 曾人口擔任「高雄市詩人聯誼會」會長。
16. 一九九〇	民國七十九年	高雄市詩人聯誼會改名成立「高雄市詩人協會」。 黃金川去世，遺著《金川詩草》。
17. 一九九一	民國八十年	「壽峰詩社」重新登記為社團和「高雄市詩人協會」。 正式分立。
18. 一九九二	民國八十一年	詩人縣長陳皆興去世、陳子波編《陳可亭先生七秩雙慶紀念集》傳世。
19. 一九九三	民國八十二年	詩人洪月嬌去世、遺著《月嬌吟草》、曾人口出版《仁口詩草》。簡錦松出版《愛河淨稿》。
20. 一九九四	民國八十三年	詩人王天賞去世、遺著《環翠樓吟草》。
21. 一九九五	民國八十四年	「旗峰詩社」復社，首任社長曾景釗。
22. 一九九九	民國八十八年	詩人許成章去世，遺著《正名室詩存》。 簡錦松出版《錦松詩薰》。 「林園詩社」與清水寺合辦全國詩人聯吟大會。
23. 二〇〇一	民國九十年	「高雄市春曉台語詩詞吟讀學會」成立、林鳳珠擔任理事長。

			「高雄市詩人協會」出版《二十週年紀念詩集》。
			王仁宏接任「高雄市詩人協會」理事長。
24.	二〇〇二	民國九十一年	「高雄市傳統詩研究會」出版《你也可以作詩》。
25.	二〇〇三	民國九十二年	洪水河接任「高雄市詩人協會」理事長。
26.	二〇〇六	民國九十五年	劉福麟接任「高雄市詩人協會」理事長。
27.	二〇〇七	民國九十六年	「林園詩社」承辦丁亥年全國詩人聯吟大會。
28.	二〇〇八	民國九十七年	「高雄市詩人協會」出版《陳自軒詩書作品集》、洪水河編輯出版《高雄市詩人協會擊缽詩集第一輯》。
29.	二〇〇九	民國九十八年	國立中山大學中文系出版，學生傳統詩創作集《海之韻——傳統詩精英評定集》。

附錄三　戰後高雄地區傳統詩作品錄

　　本篇所謂的「高雄地區」四字，採取較廣義的解釋，自戰後至本論文執筆（2009）年止，凡籍設高雄地區（高雄縣市），或曾長期定居於該區，以該區為主題所撰著、編輯之傳統詩集，或附有詩集之書籍或稿本，無論尚存或已佚，刊行與否，凡所知見，悉行著錄。並依下列原則蒐錄：

（一）發表於期刊之單篇或多篇詩作，無論曾否抽印，其未冠有集名者原則上不予著錄。而彙成全集後，集名仍舊而無增刪者亦不予著錄。

（二）作品曾彙編有全集者，其曾單行且另有集名者，皆予著錄。

（三）一書有數種版本，不論其內容是否有所增刪修訂，均予著錄。

（四）詩集編撰者順序之排列，原則上以刊行或著錄之時間，刊行日期不詳者，參考相關資料推測排列之。

（五）詩集之見有期刊本，稿本或其影本者，均予註明。其未見者，僅列明出處。

（六）列出詩集之著作者，其不知者從缺。

1. 《花果園修養會韻學祈新擊鉢吟錄》林玉書詩集，著錄，油印本，見吳福助《台灣漢語傳統文學書目》頁 101。

2. 《鯤南聯吟會擊鉢錄》高雄市吟會發行，油印本。1950 年夏刻印。

3. 《壬晨年菊月鯤南七縣市秋季聯吟大會詩集》油印本，高雄市吟會發行，1953 年 1 月。

4. 《鯤南詩苑》月刊 8 卷，發行人沈達夫，刊本影本。1956 年 6 月創刊，1963 年 8 月，出版至 8 卷 6 期。

5. 《陳可亭縣長祝詩集》陳皆興編，著錄。鳳山，1959 年刊本，見吳福助《台灣漢語傳統文學書目》頁 167。

6. 《陳皆興先生七豑雙慶紀念集》陳子波編輯，刊本影本，鳳崗詩社出版，1969 年重陽節出版。

7. 《杜聰明士執教四十週年紀念特刊》刊本，《高雄大學同學會雜誌》第六卷第三號，內附祝詩集。高雄醫學院發行，1960 年 10 月。

8. 《壽峰詩社詩集》壽峰詩社發行，刊本。1963 年出版。

9. 《王獎卿先生七秩雙慶紀念集》陳子波編刊本影本，壽峰詩社發行，1973 年 2 月。

10. 《壽峰詩社續集》刊本影本，壽峰詩社發行，1976 年 7 月。

11. 《高雄市壽峰詩社第三集》壽峰詩社發行，刊本，1982 年端午節出版。

12. 《王獎卿先生八秩雙慶紀念集》刊本，壽峰詩社發行，1983 年 2 月。

13. 《壽峰詩社第四集》執行編輯李玉水，刊本，壽峰詩社發行，1992 年端午節出版。

14. 《臺灣擊鉢詩選》第三集，周定山編，著錄，臺北《詩文之友》社發行，1964 年 2 月出版。

15. 《高雄市古今詩詞選》高雄市文獻委員會發行，刊本，指導兼校勘人許成章；1983 年 6 月。

16. 《南華集》中山大學首屆學生作品集刊、山海詩社策劃，刊本影本，國立中山大學印行，1987 年 6 月。

17. 《采詩》王蕙瑄主編，國立中山大學中文學系發行，刊本，中山大學二十週年紀念集刊，2000 年 11 月。

18. 《高雄市詩人聯誼會十週年紀念詩集》執行編輯曾人口，刊本，高雄市詩人協會發行，1990 年 12 月。

19. 《王獎卿先生米壽雙慶詩書畫專輯》主編林欽貴，刊本影本，王振生翁慈善基金會出版，1990 年。

20. 《高雄市詩人協會二十週年紀念詩集》執行編輯曾人口，刊本，高雄市詩人協會出版 2001 年 2 月。

21. 《高雄市詩書畫學會五週年紀念專輯》主編林欽貴，刊本，高雄市詩書畫學會發行，1995 年 3 月。

22. 《金獅學苑國學研究會徵詩集》金獅學苑國學研究會出版，刊本，自 1997 年至 2001 年 11 月，已刊行 20 期。

23. 《九曲堂詩草》鄭坤五漢詩集，稿本，鄭坤五之庶子鄭麒傑家藏一卷，許成章之公子許勝一家藏另四卷，共五卷。

24. 《駐鶴軒詩集》鄭坤五漢詩集刊集，《高雄文獻》第 8 期，1981 年 9 月。

25. 《金川詩草》黃金川詩集，著錄，民國 19 年 6 月上海中華書局排印出版，刊本，陳啓清慈善基金會出版，1991 年 10 月。

26. 《正續合編金川詩草》黃金川詩集，刊本，中央研究院中國文哲研究所發行，1992 年 10 月出版。

27. 《幸齋吟草》吳永遠詩集，著錄，見高源（文淵）之《勗未齋吟草》頁 50。

28. 《醉草園詩集》張達修詩集，刊本，醉草園發行，1949 年 10 月出版。

29. 《幽窗吟草》王天賞詩集，刊集，刊於民國 1957 年 1 月 14 日出版之《詩文之友》第 6 卷 5 期起連續 4 期。

30. 《滿先吟草》王天賞詩集，著錄，見楊悅春，王貞麗編《王天賞先生年譜》頁 40。

31. 《環翠樓吟草》王天賞詩集，壽峰詩社發行刊本影本，王貞婉等印行，1982 年 10 月出版。

32. 《臥雲吟草初集》林玉書詩集，刊本影本，高雄市壽山醫院發行，1972 年 9 月。

33. 《七十回憶錄》內附《步初詩存》六卷，吳維岳漢詩集，刊本，臺中中臺印刷廠承印，1961 年 8 月出版。

34. 《思補室詩存》應俠民，詩集刊本，臺南大明印刷局承印，1961 年 10 月。

35. 《靜廬吟草》邱坤土詩集，刊本，清水商行承印，1963 年 5 月。
　　《靜廬吟草續集》著錄。1978 年 8 月刊本，施少峰編校，見吳編《書目》頁 191。

36. 《光博吟草》吳光伯詩集，刊集，刊於《壽峰詩社續集》頁 247 至 250。

37. 《槐園吟草》王隆遜詩集，刊集，刊於《壽峰詩社詩集》頁 19 至 37。

38. 《王隆遜遺稿》王隆遜詩集，刊集，刊於《壽峰詩社續集》頁 290 至 291。

39. 《槐園集》王隆遜詩集，編校許成章刊本，壽峰詩社出版，1975 年 5 月。

41. 《國林詩草》李祖求詩集，刊集，刊於《壽峰詩社詩集》頁 39、40，《壽峰詩社續集》頁 103 至 106。

42. 《潤園吟草》陳連德（月樵）詩集，刊集，刊於《壽峰詩社續集》頁 65 至 68

43. 《行素軒詩草》鮑國棟（樑臣）詩集，刊集，刊於《壽峰詩社詩集》頁 53 至 70。

44. 《鮑樑臣遺稿》鮑國棟（樑臣）詩集，刊集，刊於《壽峰詩社續集》頁 281 至 286。

45. 《蒲園詩草》張毓侯（號蒲園、適心亭詩集，刊集，刊於《壽峰詩社詩集》頁 87 至 113。《壽峰詩社續集》頁 69 至 102，《壽峰詩社三集》頁 33 至 66。

46. 《適心亭詩集》張毓侯漢詩集，許成章編校，刊本，壽峰詩社出版，1978 年 6 月。

47. 《碧山詩草》呂金璧（璧山）詩集，刊集，刊於《壽峰詩社詩集》頁 127 至 128。

48. 《春萍吟草》陳春鵬詩集，刊集，刊於《壽峰詩社詩集》頁 129 至 141，《壽峰詩社續集》頁 111 至 114。

49. 《小陋室詩草》劉有福（字聲濤，號（小陋室主人），詩集，刊集，刊於《壽峰詩社詩集》頁 143 至 148，《壽峰詩社續集》頁 37 至 50。

50. 《寓園詩草》高源（字文淵）詩集，刊集，刊於《壽峰詩社詩集》頁 149 至 164。《壽峰詩社續集》頁 125 至 130，《壽峰詩社三集》頁 99 至 102。《最未齋吟草》刊本影本，高文淵發行，1981 年 1 月。

51. 《晚稼集》朱勝千詩集，刊本，1971 年 3 月出版。

52. 《雪鴻詩草（上）》施丁貴（字子卿）詩集，刊集，刊於《壽峰詩社續集》頁 165 至 180。《雪鴻詩草（中）》刊集，刊於《壽峰詩社續集》頁 131 至 144。

53. 《高雄市詩人協會二十週年紀念詩集》執行編輯曾人口，刊本，高雄市詩人協會出版，2001 年 2 月。

54. 《汝馨吟草》黃汝馨詩集，刊集，刊於《壽峰詩社三集》頁 75 至 78。

55. 《梅癡吟草》吳曼珪詩集，刊集，刊於《壽峰詩社三集》頁 303 至 304。

56. 《懷萱齋詩書畫集》林欽貴著作，刊本，林長瑩等出版，1992 年。

57. 《亮宇詩文集》龔天梓詩文集，刊本，山林書局出版，2000 年 11 月。

58. 《正名室詩存》許成章作品集二，刊本，編輯許勝一等，春暉出版社，2000 年 6 月。

59. 《衡堂書院吟草》蔡水準（玉修）詩集，刊集，刊於《壽峰詩社詩集》頁 183 至 185。《壽峰詩社續集》頁 153 至 156，《壽峰詩社三集》頁 109 至 112。

60. 《順隆詩草》王條順詩集，刊集，刊於《壽峰詩社詩集》頁 187 至 189。《王條順遺稿》刊集，刊於《壽峰詩社續集》頁 291 至 292。

61. 《月嬌吟草》蔡月嬌詩集，刊集，刊於《壽峰詩社詩集》頁 191 至 201。刊於《壽峰詩社續集》頁 157 至 164，《壽峰詩社三集》頁 113 至 120。《鄭洪月嬌詩集》刊本，高雄福澤慈善事業基金會出版，1994 年 12 月。

62. 《溯南詩草》鄭金鈴詩集，刊集，刊於《壽峰詩社詩集》頁 203 至 207，《壽峰詩社續集》，頁 205 至 210。
《金鈴詩草》刊集，《壽峰詩社三集》頁 143 至 156。

63. 《缽後餘音》丁鏡湖詩集，刊集，刊於《壽峰詩社詩集》頁 219 至 221。《壽峰詩社續集》頁 51 至 64，《壽峰詩社三集》頁 21 至 28。

64. 《靜遠廬吟草》林靜遠詩集，刊集，刊於《壽峰詩社詩集》頁 225 至 226。《壽峰詩社續集》頁 225 至 228。
《壽峰詩社三集》頁 179 至 184。

65. 《天臺詩草》呂伯端詩集，刊集，刊於《壽峰詩社詩集》頁 231 至 233。《壽峰詩社續集》頁 237 至 240，《壽峰詩社三集》頁 185 至 188。

66. 《耐園詩集》陳春林詩集刊集，刊於《壽峰詩社詩集》頁 235 至 238。

67. 《君山遺稿》刊集，刊於《壽峰詩社詩集》頁 239 至 240。

68. 《景綿遺稿》刊集，刊於《壽峰詩社詩集》頁 241 至 242。

69.《平明軒吟草》陳平詩集，刊集，刊於《壽峰詩社續集》頁 115 至 120。

70.《夢桂軒詩草》蔡月華詩集，刊集，刊於《壽峰詩社續集》頁 121 至 124。《壽峰詩社三集》頁 79 至 98。

71.《宜園詩草》蘇守愚詩集，刊集，刊於《壽峰詩社續集》頁 211 至 218。《壽峰詩社三集》頁 29 至 32，刊本，1988 年。

72.《荒園吟草》曾學行詩集，刊集，刊於《壽峰詩社續集》頁 219 至 224。

73.《淵廬吟草》李清泉詩集，刊集，刊於《壽峰詩社續集》頁 241 至 246。《思源吟草》刊集，刊於《壽峰詩社三集》頁 189 至 210。

74.《淵如詩草》郭淵如詩集，刊集，刊於《壽峰詩社續集》頁 267 至 270。

75.《明翰詩草》李玉水詩集，刊集，刊於《壽峰詩社續集》頁 275 至 280。《偷閒吟草》刊集，刊於《壽峰詩社三集》頁 285 至 296。

76.《黃劍修遺稿》刊集，刊於《壽峰詩社續集》頁 293 至 294。

77.《倚月樓吟草》李加勉詩集，刊本，1976 年 8 月出版。

78.《回雁軒詩文初稿》姚平詩集，刊本，台北幸達出版社，1979 年 5 月。

79.《望仙詩文》丁明星著作集，刊本，高雄前程出版社，1979 年 6 月。

80.《蔣尚錦詩集》著錄，見鄭嘉夫〈高雄著述志稿〉，（高雄文獻第一、二期合刊，高雄市文獻會）頁 147，1979 年 12 月。

81.《蔡元亨詩集》稿本影本，共七卷，《詠竹千首》稿本影本。

82.《隴西吟草》李彬詩集，刊集，刊於《壽峰詩社三集》頁 69 至 74。

83.《春木吟草》陳春木詩集，刊集，刊於《壽峰詩社三集》頁 103 至 108。

84.《國源吟草》許成俊詩集，刊集，刊於《壽峰詩社三集》頁 157 至 172。

85.《壽山吟圖》曾少坦（文益）詩集刊集，刊於《壽峰詩社三集》頁 173 至 178。

86.《碧山吟草》呂輝鳳詩集，刊集，刊於《壽峰詩社三集》頁 229 至 242。

87.《筱樓吟草》劉福麟詩集，刊集，刊於《壽峰詩社三集》頁 243 至 246。

88.《柳風吟草》栗由思詩集，刊集，刊於《壽峰詩社三集》頁 247 至 250。《草根詩集》刊本。2000 年出版，《柳風詩草》刊本，2001 年 4 月出版。

89.《玉林吟草》李玉林詩集，刊集，刊於《壽峰詩社三集》頁 251 至 256。

90.《黃祈全吟草》刊集，刊於《壽峰詩社三集》頁 257 至 260。

91.《仁口詩草》曾人口詩集，刊本影本，1993 年 12 月。

92.《夢梅吟草》林鳳珠詩集，刊集，刊於《壽峰詩社三集》頁 297 至 302。

93.《吟志樓詩稿》莊進宗詩集，刊集，刊於《南華集》頁 9 至 11。《采詩》頁 140 至 143。

94.《存眞詩稿》唐蟬君詩集，刊集，刊於《南華集》頁 42 至 43。
《如是詩稿》刊集，刊於《采詩》頁 108 至 109。

95.《花外吟卷》關月嬋詩集，刊集，刊於《南華集》頁 69，刊於《采詩》頁 219 至 220。

96.《愛河淨稿》簡錦松詩集，刊本，高雄復文書局，1993 年 1 月。
《錦松詩稿》刊本，台北里仁書局，1999 年 12 月。
《寶劍集》刊本影本，1995 年。

97.《畢香齋詩詞對聯選抄》宋偉凡詩集，刊本影本，宋寶臺發行，1994 年 12 月。

98.《高去帆先生詩選》刊本影本。
《秋山紅葉館詩》著錄，收錄於《高雄市詩人協會二十週年紀念詩集》頁 88。

99.《蓬萊詩集》陳楚賢詩集，著錄，收錄於《高雄市詩人協會十週年紀念詩集》頁 151。

100.《怡園吟草》汪德畯詩集，著錄，收錄於《高雄市詩人協會十週年紀念詩集》頁 212。

101.《蓓蕾詩文集》譚次修作品，著錄，收錄於《高雄市詩人協會十週年紀念詩集》頁 244。

102.《湘風詩文集》蔣滌非作品，著錄，收錄於《高雄市詩人協會十週年紀念詩集》頁 314。

103.《新雨樓詩集》陳世銘詩集，著錄，收錄於《高雄市詩人協會十週年紀念詩集》頁 318。

104.《瓷通鳳儒詩草》史鳳儒詩集，著錄，收錄於《高雄市詩人協會十週年紀念詩集》頁 337。

105.《八十回憶錄》杜聰明詩集，著錄，收錄於《高雄市詩人協會十週年紀念詩集》頁 352。

106.《南園詩稿》刊本，一心出版社，1995 年 3 月。

107.《環翠樓詩選註》主編寧雲霞，刊本，亞太綜合研究院出版，1998 年 11 月。

108.《人間詩集》許雅婷詩集，刊集，刊於《采詩》頁 5 至 7。

109.《山壁集》黃昱碩詩集，刊集，刊於《采詩》頁 39 至 43。

110.《西灣詩集》陳始美詩集，刊集，刊於《采詩》頁 133 至 137。

111.《知音詩集》林仁昱詩集，刊集，刊於《采詩》頁 209 至 211。

112.《飛鳥集》張守甫詩集，刊集，刊於《采詩》頁 261 至 269。

113.《惘然集》向麗頻詩集，刊集，刊於《采詩》頁 305 至 311。

114.《蒹葭集》張嘉惠詩集，刊集，刊於《采詩》頁 457 至 461。

115.《慶雲樓詩書畫集》李餘慶著錄，收錄於《高雄市詩人協會二十週年紀念詩集》頁 30。

116.《詩書畫集》李明嶼作品，著錄，收錄於《高雄市詩人協會二十週年紀念詩集》頁 33。

117.《黃山詩草》周子豐詩集，著錄，收錄於《高雄市詩人協會二十週年紀念詩集》頁 55。

118.《巨川詩草》胡巨川詩集，稿本，《巨川詩餘待刪草》，稿本。

119.《黃輝智詩集》黃輝智詩集，稿本。

120.《槐園集》王隆遜漢詩集，編校許成章，刊本，龍文出版社，2006 年 5 月。

121.《高雄市詩人協會擊缽集第一輯》洪水河編輯，刊本，高雄市詩人協會出版，2008 年 6 月。

122.《陳自軒詩書作品集》編輯曾人口，刊本，高雄市詩人協會出版，2008 年 5 月。

123.《海之韻——傳統詩精英評定集》學生傳統詩創作集，刊本，中山大學中文系出版，2009 年 1 月。

124.《煥芬樓詩詞稿》楊大衛詩集，刊集，刊於《海之韻》頁 457～461。

125.《佩珊》吳佩珊詩集，刊集，刊於《海之韻》頁 1～4。

126. 《草葉集》張家甄詩集，刊集，刊於《海之韻》頁 17～21。

127. 《雅如其詩集》湯雅如詩集，刊集，刊於《海之韻》頁 23～25。

128. 《小淑集》李淑姿詩集，刊集，刊於《海之韻》頁 27～30。

129. 《憶詩集》覃燕青詩集，刊集，刊於《海之韻》頁 73～78。

130. 《弱水集》張聖敏詩集，刊集，刊於《海之韻》頁 147～153。

131. 《窺月集》沈鈺寧詩集，刊集，刊於《海之韻》頁 103～112。

132. 《初啼集》賴韻婷詩集，刊集，刊於《海之韻》頁 115～123。

133. 《惟時集》王琦柔詩集，刊集，刊於《海之韻》頁 155～163。

134. 《抒逸集》周逸儒詩集，刊集，刊於《海之韻》頁 165～173。

135. 《無才集》陳亞倫詩集，刊集，刊於《海之韻》頁 175～181。

136. 《心情話詩》謝芯怡詩集，刊集，刊於《海之韻》頁 183～187。

137. 《靜心橙澀集》廖瑞君詩集，刊集，刊於《海之韻》頁 189～195。

138. 《詩情畫意集》邱雅珩詩集，刊集，刊於《海之韻》頁 197～205。

139. 《囈語》王姿頻詩集，刊集，刊於《海之韻》頁 207～211。

140. 《幽憂集》曾秀雲詩集，刊集，刊於《海之韻》頁 213～219。

141. 《夏蓮集》連華詩集，刊集，刊於《海之韻》頁 221～227。

142. 《閒園集》賴永明詩集，刊集，刊於《海之韻》頁 229～233。

143. 《枯腸集》闕伯穎詩集，刊集，刊於《海之韻》頁 235～239。

144. 《翔瑞集》朱翔瑞詩集，刊集，刊於《海之韻》頁 241～242。

145. 《西海邊境集》張育愷詩集，刊集，刊於《海之韻》頁 243～245。

147. 《雪泥集》江曉輝詩集，刊集，刊於《海之韻》頁 33～37。

148. 《有待集》許宗凱詩集，刊集，刊於《海之韻》頁 39～47。

149. 《優游詩集》許欽復詩集，刊集，刊於《海之韻》頁 49～53。

150. 《小憶集》柯憶瀅詩集，刊集，刊於《海之韻》頁 55～61。

151. 《黃石輝詩文集》稿本，曾景釗收存。

152. 《隴西吟草》，李彬詩集，稿本，曾景釗收存。

153. 《朱阿華秀才遺稿》美友吟社，稿本，曾景釗收存。

154. 《旗峰鐘韻擊缽詩集》刊本，曾景釗收存。

155.《資生吟草》蕭乾源詩集，刊本，曾景釗收存。

156.《旗美詩苑》張琴龍編，曾景釗收存。

157.《溪山嘯詠集》曾景釗詩集，刊本，旗峰詩社出版，曾景釗收存。

158.《陳春城詩集》刊本，收錄於《從頭到腳都是學問的陳春城》頁 10～
    12，前鎮高中國文科。

附錄四　高雄縣八景詩

（按，1958 年，高雄縣文獻會新定高縣八景並向海內外徵詩，所徵之詩送請各名家評選後，刊載在 1960 年高雄縣文獻會出版，陳子坡主編的《高雄縣志稿藝文志》，茲摘錄前十名佳作如次）

貝湖春曉　　　　　　　　　　詞宗　賈景德先生選

第一名　　蔡人龍

湖光含淑氣，岸柳小烟籠。積滿澄清水，吹殘淡蕩風。波浮魚藻綠，與霽鳥松蔥。瀲灩平如鏡，乾坤復旦中。

第二名　　施學樵

雲霞開曙色，晴脆入簾櫳。柳帶朝烟綠，桃含宿露紅。新鶯啼暖日，雛燕掠柔風。寧靜湖光麗，熹微淑氣融。

第三名　　林青松

喚醒殘更夢，雞聲怯曙風。餘寒猶料峭，孤月尚矇矓。湖鏡煙初斂，岡巒雪漸融。客遊渾起早，人語認橋東。

第四名　　簡長德

鳥松雞一唱，曙色鏡中勻。水護千家業，波涵萬古春。山花凝宿露，天柳湛清晨。却愛熹微裏，風光更率真。

第五名　　劉順安

鳳城雞唱曉，霧縠貝湖家。紅薄青峯外，綠浮碧水中。野花閒曙色，路柳醉春風。麗旭蒸蒸上，山河氣勢雄。

－293－

第六名　　　　黃上豪

高縣水源地，芳晨恣意探。鳳崗拖遠黛，貝渚蘸深藍。美勝春秋閣，幽齋日月潭。東風吹駘蕩，復旦起鯤南。

第七名　　　　陳寶書

岡巒環碧水，楊柳拂晨曦。曲岸持觴日，平湖放棹時。吟詩慚杜牧，寫景羨王維。無限風光好，流連屬句遲。

第八名　　　　王傳成

貝錦濯波間，朝露襯赤山。迎春花夾道，涵碧草成灣。日暖遊人醉，林深宿鳥閒。思源及先哲，治水濟時艱。

第九名　　　　黃少卿

曙色山川麗，春風漾碧潭。柳絲垂岸線，蕉影映橋藍。舟轉人搖槳，花薰客駐驂。晨曦詩料足，何必覓江南。

第十名　　　　吳子建

乍覺繁華夢，雞鳴玉漏終。雲開千嶂曙，浪擁一帆風。柳眼垂波綠，桃唇向日紅。魚娃渾起早，嬌語樂橋東。

淡溪秋月　　　　　　　詞宗　莊幼岳先生選

第一名　　　　陳寶書

我愛淡溪水，瀰瀰似若耶。波心秋點月，樹秒夜藏鴉。皓魄明楓葉，寒光映荻花。長橋閒佇立，詩意正無涯。

第二名

廿四橋邊望，清光玉鏡浮。鳳崗連遠渚，麟洛接平疇。波鏡魚吞月，天高雁落洲。涓涓溪上水，寒漾荻蘆秋。

第三名　　　　王隆遜

萬頃光拖練，江澄白露橫。潛魚吞桂魄，宿豔警砧聲。波靜冰壺潔，風微藻鏡清。臨流遄逸興，一舸下空明。

第四名　　　　陳寶書

淡湖溪月夜，風景足怡情。波靜涵蟾影，天高遞雁聲。長橋橫岸壯，短棹隔江輕。千里嬋娟共，清光此處明。

第五名　　　倪登玉

水界高屏縣，長橋映月明。空中浮雁影，岸畔起砧聲。照眼波光麗，沾衣露氣清。姮娥無限好，莫動故鄉情。

第六名　　　李神義

浩蕩秋宵裡，孤懷萬里情。水連天一色，人與月双清。雲散蘆陰靜，風搖蔗影輕。鳳山回首處，幾點翠峯橫。

第七名　　　鄭炳煌

徙倚長橋望，涼宵寶鏡涵。鷗波通里港，蟾魄浴圓潭。水曲堂迴九，厝連塊累三。洲翻成菜圃，風景逼江南。

第八名　　　黃亮光

淡溪流不極，入晚景偏幽。舟泛長橋下，人依古渡頭。錦鱗吞皓魄，白鳥戲滄洲。獨步西風裏，神怡萬慮休。

第九名　　　王雪樵

高屏分界口，九曲瀉清流。逐浪魚吞月，眠沙鳥警秋。双橋橫倒影，一鏡照離愁。空水澄鮮際，難忘去國憂。

第十名

皎皎中天明，滄溪得最先。屏山高不阻，湖水碧相連。照影銀鱗躍，浮畦野菜鮮。樓臺堪築此，皓魄賞年年。

鳳岫織雨　　　　詞宗　何武公先生選

第一名　　　鄭玉波

霢霂濛丹穴，靈禽此岫鍾。谷虛雲絮補，樹密雨絲縫。霧縠垂崖濕，煙綃匝地濃。飄瀟風翼展，繡出好山容。

第二名　　　陳昌言

不斷飄如縷，霏霏十日連。鶯梭疑乍弄，鳳岫忽增妍。錦自天孫出，絲從月老牽。江山今破碎，補綴賴成全。

第三名　　　李世昌

霏霏飄鳳岫，盡日萬重懸。燕剪裁難斷，鶯梭織自連。淡溪拖白練，平野濕青氈。不遜迴文巧，眞成碎錦妍。

第四名　　　邱水謨

序值三春暖，時逢二氣和。龍師施厚澤，鳳岫織纖羅。飛燕頻開剪，邅鶯屢擲梭。天機成錦繡，點綴漢山河。

第五名　　　陳考華

鳳岫飄時雨，絲絲織素羅。疏林穿燕剪。隔柳擲鶯梭。機杼鳴天籟。鳧鷗逐水波。菜花黃濯錦，園屋得春多。

第六名　　　張晴川

鳳崗山外路，雲鎖翠微巔。縷縷峰前落，絲絲陌上穿。鶯梭紅杏雨，燕剪綠楊烟。疑是天孫織，紛霏遍大千。

第七名　　　蘇鴻飛

有岡留鳳宿，鳴盛自來儀。縷縷雲馳岫，霏霏雨織絲。田園蒙潤澤，壇坫藉催詩。預卜豐年兆，春耕喜及時。

第八名　　　蔡人龍

廉織靄瑞嶺，山肖鳳來儀。燕剪裁風片，鶯梭織雨絲。催詩欣有意，潤物感無私。但願成膏澤，霏霏正及時。

第九名　　　應俠民

瑞鳥依稀認，名山肇錫嘉。風梳千樹綠，雨織一身花。逐浪鶯梭巧，裁雲雁剪誇。蒼生欣副望，出岫澤無涯。

第十名　　　顏其碩

鳳岫聳奇姿，晴佳雨更宜。霏霏如散縷，密密若垂絲。潤物欣依候，催花喜及時。鶯梭勤紡織，春意樂無涯。

龍崗觀雲　　　　　　　　　詞宗　張相先生選

第一名　　　蕭乾源

絕頂登臨去，龍崗氣象雄。雲羅鋪疊嶂，霧縠接長空。鼓岫蒼茫外。旗峰指顧中。家山何處是，親舍望無窮。

第二名　　　蘇凌雲

一氣鴻濛裡，紛披自古今。世情蒼狗幻，親舍白雲深。儻有從龍易，寧無出岫心。何時符眾望，濟物化甘霖。

第三名　　　陳韻香

糺縵浮龍肚，峰奇醞釀工。六龜搖曳外，五鳳卷舒中。過眼嗟蒼狗，何新
化赤虹。一朝看出岫，霖雨濟時功。

第四名　　　許寸金

振衣凌絕頂，覽勝獨扶筇。雲氣迷双日，天風盪此胸。六龜飄片片，五鳳
疊重重。且看從龍起，化霖慰老農。

第五名　　　柳傳

山疑諸葛臥，噓氣幻鴻濛。蒼狗盤旋處，金鱗隱現中。驪珠探未得，親舍
望難窮。彷彿層巒上，天衢有路通。

第六名　　　李彬

拾級靈崗上，輕羅見密縫。雁門烟遠縷，旗尾氣遙封。變幻因風起，捲舒
出岫從。也知雲霧窟，隱豹又潛龍。

第七名　　　周麒麟

龍崗呈秀氣，靉靆布空濛。玉枕籠烟裡，虹橋鎖霧中。天長雲縹緲，岫遠
樹蔥籠。放眼旗山外，山川氣勢雄。

第八名　　　高蒼松

龍崗高萬仞，翹首碧雲多。霧縠新裁錦，霞裳巧織羅。滄桑窺演變，身世
閱蹉跎。鵠待收京日，佳音奏凱歌。

第九名　　　曾昭宣

我愛龍崗好，氤氳五采揚。山高疑北固，景勝似南陽。舟舟峯前繞，悠悠
天際颺。沛然蘇萬物，霖雨澤遐方。

第十名　　　許逐園

徙倚虹橋望，崗雲變幻奇。如濤翻碧海，若獸挺雄姿。堪羨從龍好，莫嫌
化雨遲。憑誰揮大筆，米老有新詩。

內門列嶂　　　　　　　　詞宗　劉克明先生選

第一名　　　李彬

排闥環羅漢，佛頭簇眼中。石門斜落日，烏嶺颯秋風。月印龜潭麗，路迴
虎岫通。將軍遙卓立，鼎峙鼓旗雄。

第二名　　　李昌言

岌岌排如戟,羣峯大小連。積涵烏嶺雨,扶接雁門煙。屐合拖靈運,石宜拜米顛。巍峨互朝倚,不動障南天。

第三名　　　黃來成

內門人物秀,八景擅臺揚。羅列山重疊,潺湲水一方。青鋪烏嶺草,白染翠屏霜。萬笏朝羅漢,千峰接大荒。

第四名　　　吳武歷

羅漢門山上,千峰插碧空。青苗鋪疊嶂,翠錦綴玲瓏。烏嶺蒼茫外,銀屏指顧中。斯庵何處去,感慨憶無窮。

第五名　　　蕭乾源

曳杖羅門裡,林巒氣象幽。重圍千嶂秀,複岫五雲浮。玉枕明如畫,銀屏翠欲流。將軍疑勒馬,屹立望神州。

第六名　　　游讚芳

聳翠羅門壯,山環別有天。銀屏疑積雪,烏嶺正浮煙。列戟千峰整,鋪雲萬壑連。沈公曾寄跡,文物盛當年。

第七名　　　張清景

躑躅羅門裡,迎眸遍野煙。千峯齊磊落,萬壑盡蜿蜒。應有靈芝茂,寧無紫竹妍。斯庵曾豹隱,韻事盛當年。

第八名　　　蔡振成

青山排戟立,羅漢起崢嶸。峭壁畫屏聳,蛾眉翠黛橫。泉林烏嶺靜,煙雨雁門晴。一片蒼濃色,千峯入眼明。

第九名　　　顏其碩

列嶂似屏風,巍巍聳碧空。雁門凝翠黛,烏嶺鬱蔥籠。老樹浮雲外,幽禽薄靄中。抗清遺跡在,弔古感無窮。

第十名　　　周麒麟

羅漢山形壯,將軍地勢雄。千峯如劍戟,列嶂似屏風。烏嶺輕煙繞,雁門細雨濛。嵐光堪藻繪,秋色入詩囊。

汕尾歸舟　　　　　　詞宗　曾今可先生選

第一名　　　黃起濤

汕尾風光好，村居傍水涯。得鱗堪易酒，依岸便爲家。網晒煙初起，舟歸
日未斜。他時同擊楫，破浪復中華。

第二名　　　周枝萬

汕尾風光好，江干夕照收。望洋愁去國，聞笛羨歸舟。潮漲鷗汀沒，波平
蜃氣浮。低迷帆影外，一髮認神州。

第三名　　　陳考華

落日汕洲外，天風答暮潮。蒼茫歸一櫂，欸乃入層霄。湖海情猶在，魚龍
志未消。中原罹浩劫，忍復夢漁樵。

第四名　　　吳少華

汕尾風光好，尋詩策馬哦。潮平鯨負海，浪靜鳥穿波。葉葉孤帆轉，飛飛
錦纜過。客中應有待，且聽凱旋歌。

第五名　　　許遜年

汕尾斜陽外，漁家返棹多。生涯宜水國，釣艇逐煙波。滿載傳佳訊，收帆
發浩歌。中流頻擊楫，還我漢山河。

第六名　　　洪子調

漁家勝力田，短棹入深淵。汕尾舟千葉，鯤洋水一天。網收滄海底，帆掛
夕陽邊。滿載銀鱗躍，欣然唱凱旋。

第七名　　　陳玉堂

汕尾屬旗津，漁家好結鄰。劇憐天下士，長作海邊民。畫艇隨流水，簑衣
歷劫塵。還鄉知有日，罷釣整歸輪。

第八名　　　簡義

揚帆斜照裡，汕尾海雲秋。檣影看成近，漁歌唱未休。何人思破浪，有客
悵歸舟。不盡江鱸感，鄉心逐去流。

第九名　　　謝森鴻

遠望林園浦，東西南北流。帆隨星斗轉，槳逐水雲浮。釣客風千里，遊人
月一鈎。宣城佳句在，天際數歸舟。

第十名　　　雲玉光

江村春水闊，汕尾暮雲飛。煙帶波光遠，山銜日影微。帆收知鳥倦，釣罷羨魚肥。滿載漁舟重，高歌緩緩歸。

翠屏夕照　　　　　　　　　詞宗　張達修先生選

第一名　　　李邃初

寶剎疏鐘起，南屏一抹妍。鳳崗來紫氣，虎嶺鎖蒼煙。斷靄歸舟中，啼鴉落照邊。清光看不盡，鼇畫入吟箋。

第二名　　　許博全

極目斜陽外，屏開小洞天。羣峯皆隱約，眾壑自蜿蜒。翠擁觀音寺，青連菩薩巔。雄州多勝景，此地好安禪。

第三名　　　吳景堂

拔地成屏嶂，孤標翠色濃。林深稀獵跡，寺古盛遊蹤。偉列三千界，森羅十九峯。夕陽無限好，照盡遠山容。

第四名　　　應俠民

十九芙蓉秀，中峯菩薩尊。竹松圍寺宇，鐘鼓應晨昏。巖翠明斜照，嵐光認遠痕。歸林鴉背暖，咿啞入烟村。

第五名　　　白子修

十九峯羅列，斜暉射虎形。白浮雲作障，翠滴岫為屏。暮靄明三寶，層嵐鑿五丁。觀音鐘鼓現，照出佛頭青。

第六名　　　蕭乾源

返照罘罳麗，連峯着絳紗。觀音呈瑞靄，貝闕罩殘霞。彩散蓮池灩，光迴鳥徑斜。江河悲日下，客思逐歸鴉。

第七名　　　高鼎堯

翠屏高萬丈，覽勝此登臨。靉靆雲遮寺，潺湲水瀉岑。風號疑虎嘯，谷響訝龍吟。小立殘陽外，疎鐘渡遠林。

第八名　　　林逢琴

勝地登臨去，屏山氣象幽。虎峰迎落日，貝水映丹邱。紫樹疑霞罩，青巖似錦流。白雲斜照外，一髮認神州。

第九名　　　李常

插秀屏峰壯，斜暉入晚侵。有山皆疊錦，無樹不流金。虎岫風疑嘯，龍潭
水似吟。遙天籠暮靄，載筆好登臨。

第十名　　　曾體祥

竹抱龍蒼影，鐘聲幻太清。雲間靈鷲立，樹杪暮蟬聲。屏色描螺黛，巖光
射水晶。落霞迴照處，周昉畫難成。

超峯晚鐘　　　　　　　　詞宗　陳皆興先生選

第一名　　　鄭玉波

樹色崗山暮，錚鏦出佛堂。聲喧留落日，唄誦禮空王。咏月敲何早，穿雲
響更揚。世多聾待振，餘韻繞蓮鄉。

第二名　　　葉瑤琳

薄暮遊蹤少，超峯夕照西。鐘敲音斷續，經誦韻高低。蓮塔鈴聲和，崗山
樹色迷。風流賢太守，徵詠且留題。

第三名　　　吳萱草

寺古樓高處，萬鈞一杵擠。敲來天籟迴，響到夕陽低。般若經同誦，蒲牢
獸共啼。聽時無限感，斷續醒人迷。

第四名　　　杜定方

寒林生薄霧，山黛抹輕霞。孤寺雲間隱，疎鐘花外賒。沉音驚宿鷺，餘響
醒棲鴉。撩起離人夢，牀前看月華。

第五名　　　陳清萼

楓葉飄幽徑，疏林噪暮鴉。深山藏古剎，落日挾流霞。獅子巖形怪，蓮花
塔影斜。鐘聲醒客夢，養性讀南華。

第六名　　　雲玉光

幽絕超峰寺，鐘聲暮靄間。清音傳淨域，餘響破空山。晚課僧頻叩，安禪
鶴自環。從來多勝跡，八景冠台灣。

第七名　　　劉春亭

寶剎蓮鄉外，黃昏一杵鐘。清音飄遠岫，餘韻繞前峯。林密禽聲和，山深
樹影重。悠悠催落日，古洞幕雲封。

第八名　　　　丁滌凡

夕陽落崗山，清鐘遠市闤。韻傳紅樹外，聲徹白雲間。燈闇經千卷，峰明月一灣。登臨忘俗慮，羨煞老僧閒。

第九名　　　　曾昭宣

超峯譽夙著，鐘韻響鏦錚。聲似楓橋逸，音如漢苑清。迷津憑一杵，覺路醒三生。百八敲殘後，餘暉弄晚晴。

第十名　　　　雲海鷗

超峰幽絕處，精舍白雲圍。風定鐘聲遠，山深日影微。僧敲忙晚課，鳥聽悟禪機。撩動詩人意，清吟戴月歸。

※另收陳皆興、姚玄弼高縣八景詩作：

〈高雄縣八景詩作〉　　　　　陳皆興

貝湖春曉

曙色湖光麗，東風淡蕩生。壓舟晨霧重，籠柳曉煙輕。水暖遊魚戲，林深好鳥鳴。波平涵似鏡，映出數峯明。

淡溪秋月

我愛淡溪月，清輝自不同。秋光明遠浦，皓影挂長空。一鏡天垂練，雙橋波臥虹。臨流頻寄慨，治績愧曹公。

鳳岫纖雨

鳳岫春三月，霏霏雨似絲。自隨鶯弄巧，還任燕裁奇。錦藉天孫織，景宜青帝施。鳴岐多盛事，造物本無私。

龍崗觀雲

龍崗騰靉靆，絕巘白雲封。非霧排無際，如煙疊幾重。籠林疑待鳳，行雨合從龍。萬態凝眸望，氤氳紫氣濃。

內門列嶂

雁門如畫裏，煙樹鬱籠蔥。玉枕橫雲外，銀屏積翠中。山重通曲徑，嶂疊聳晴空。文物當年盛，臨風憶沈公。

汕尾歸舟

汕尾煙波闊，長天一色清。日斜歸棹急，風飽片帆輕。球嶼殘霞落，林園夕照明。狂瀾猶待挽，何忍寄閒情。

翠屏夕照

夕陽分外好，倒影照禪林。松壑呈清景，屏巖聽梵音。山幽歸鳥噪，樹靜暮蟬吟。不盡餘暉裡，悠然長道心。

超峯晚鐘

向晚超峯寺，清音半嶺傳。僧敲斜照外，韻徹碧雲邊。百八醒塵夢，三千淨俗緣。黃鐘應未毀，驚世悟機禪。

〈敬和可亭縣長高雄縣八景〉　　　姚玄弼

貝湖春曉

杜宇啼聲倦，湖光曙色開。連漪千頃碧，烟霧四邊堆。一葦誰飛渡，扁舟自去來。家家資灌溉，大澤厚民財。

淡溪秋月

水落清溪涸，天香雲外飄。一輪秋皎潔，兩屐夜消遙。拄杖循蘆浦，搴衣過板橋。四民稱樂業，小試惜牛刀。

鳳岫纖雨

忍饑屏死鼠，竹實不充腸。化作山頭穀，依然姓字香。纖纖飛驟雨，脈脈守機房。織就天孫錦，迴文耐細詳。

龍崗觀雲

蒼狗殊今昔，籠崗恆在天。無心將野鶴，酌斗待飛仙。萬疊浮如海，千峰湧似蓮。百年如過客，能看幾桑田。

內門列嶂

列岫浮雲出，千秋鎖雁關。欲眠思玉枕，開闔唱仙班。迷指通幽徑。歧分警懦頑。宗臣餘韻在，門外水潺潺。

汕尾歸舟

海天呈一色，白鷺鏡中飛。五彩欣殘照，孤帆接隊歸。汕濱驟若市，林宇儼重圍。南北東西客，行沽相款扉。

翠屏夕照

萬籟將沉寂，禪房花木深。黛屏無限好，丹壑更多陰。倦鳥歸來樂，寒蟬斷續吟。餘暉通野徑，何處覓知音。

超峰晚鐘

百八金身在，三千不了緣。黃鐘猶未棄，皓齒亦參禪。天外飛聲大，雲中托缽傳。起峰信古刹，高倚赤霞邊。